李艳虹◎著

多属性群体偏好演化模型、方法与应用

四川大学出版社
SICHUAN UNIVERSITY PRESS

图书在版编目（CIP）数据

多属性群体偏好演化模型、方法与应用 / 李艳虹著
. — 成都：四川大学出版社，2024.6
（经管数学应用丛书）
ISBN 978-7-5690-6342-4

Ⅰ．①多… Ⅱ．①李… Ⅲ．①决策—研究 Ⅳ．
① C934

中国国家版本馆 CIP 数据核字（2023）第 174824 号

书　　名：多属性群体偏好演化模型、方法与应用
　　　　　Duoshuxing Qunti Pianhao Yanhua Moxing、Fangfa yu Yingyong
著　　者：李艳虹
丛 书 名：经管数学应用丛书

丛书策划：蒋　玙
选题策划：蒋　玙
责任编辑：唐　飞
责任校对：蒋　玙
装帧设计：墨创文化
责任印制：王　炜

出版发行：四川大学出版社有限责任公司
　　　　　地址：成都市一环路南一段 24 号（610065）
　　　　　电话：（028）85408311（发行部）、85400276（总编室）
　　　　　电子邮箱：scupress@vip.163.com
　　　　　网址：https://press.scu.edu.cn
印前制作：四川胜翔数码印务设计有限公司
印刷装订：成都金阳印务有限责任公司

成品尺寸：170 mm×240 mm
印　　张：9
字　　数：174 千字

版　　次：2024 年 6 月 第 1 版
印　　次：2024 年 6 月 第 1 次印刷
定　　价：58.00 元

扫码获取数字资源

四川大学出版社
微信公众号

前　言

决策活动遍及人们工作、生活、学习等的各个方面，是当今管理学的核心内容之一，更是决策科学中的热门研究内容之一。2022 年 4 月，习近平总书记在主持召开的中央全面深化改革委员会第二十五次会议时强调要建立健全大数据辅助科学决策机制，做到准确识变、科学应变、主动求变，实现政府决策科学化。在大数据、云计算、物联网、区块链和人工智能等新一代数字技术的驱动和集成下，数据越来越复杂并呈现爆发式增长，社会成员之间的联系愈加紧密，网络科学也因此被广泛研究和应用。社会网络作为网络科学领域的一个重要分支，亦受到了国内外众多学者的关注。由于决策者的背景不同，给出的偏好形式也是多种多样，选择合适高效的集结算子做出决策非常重要。当决策者的观点分歧较大时，直接进行信息集结可能会造成决策结果的不合理性。在社会网络中，决策者的观点随着群体的信任关系和交互机制的改变而改变。群体观点的演化是个体观点在一定的交互规则下，由无序向有序转变的动态过程，其本身是一个复杂的动态演化过程。

本书围绕群决策理论与方法展开研究，基于决策者的多属性偏好信息，挖掘决策者的观点演化行为，分析群体的社会网络关系结构，结合传统群决策、舆论动力学的理论和方法，探索群体观点的动态演化规律，揭示其背后隐藏的规律和趋势。研究多属性群体偏好演化模型是进行科学的群决策的热点话题，也是对决策理论和方法进行的主要拓展内容。为此，本书应用不同的转换函数将不同的异构偏好信息转换为模糊偏好关系矩阵，提出了一种改进的基于矩阵相似性的幂加权平均算子，并构建了一种新的异构群体偏好信息集结方法，来使用基于互补判断矩阵的排序方法来选择最佳决策方案。基于社交网络背景下的群决策行为是一个复杂的动态过程，现有的研究忽略了决策者之间的社交网络关系对决策者观点的影响，本书提出了一种基于社交信任网络的多属性群体决策方法；同时基于信息的多样性和复杂性使得更多的决策者参与其中，本书提出了一种基于有界信任和社交网络管理决策者观点的大规模群决策方法。由于决策者的观点通常随时间波动，因此决策者需要在过去的几个阶段而不是单个阶段对备选方案进行评估。随着环境的变化，决策者将交换意见并相互影响。为了满足决策者不同的评估要求，分析时间因素和决策者之间的意见交互的影响，本书提出了一种考虑多阶段模糊信息和决策者意见交互的群体决策方法。

本书提出的多属性群决策问题是社交网络和大数据时代下企业管理要面临的现实问题，通过对该问题的深入研究，希望可以为政府和企事业单位分析群体观点信息，进行准确、适当的管理和科学、高效的经营提供理论支持和参考。本书的出版得到了国家自然科学基金青年科学基金项目（72301039）和四川省自然科学基金项目（2023NSFSC1020）的资助。

鉴于作者水平有限，书中难免有疏漏和不足之处，敬请广大读者批评指正。

著者

2024 年 3 月

目　录

1

第1章 概 论

1.1 研究背景和研究意义

1.1.1 研究背景

决策过程是人们为了做出某种决定而进行的有意识、有选择的行动过程，与人们的日常生活息息相关，发生在社会、政治、经济、管理等领域各项活动中，如企业管理中的项目评估、领导人竞选中的候选人投票、供应商选择中的方案选择、工程项目管理中的工厂选址等。由于决策活动的重要性，决策理论与方法的研究吸引了管理学、信息科学、数学等众多学者的关注。20世纪30年代，"决策"（Decision making）一词作为专业术语首次出现在管理学领域。它是一个比较复杂的、需要基于人类思维和操作的过程，是信息搜集、筛选、分析、加工，最后做出判断并得出结论的过程。美国著名管理学家、卡内基梅隆大学教授、诺贝尔经济学奖获得者赫伯特·西蒙曾说："决策是管理的核心，管理就是决策。"美国著名管理学教授斯蒂芬·罗宾斯和玛丽·库尔特（2013）在《管理学》一书中对决策进行了简要的解释："决策是从两个以上的备选方案中选择一个的过程。"在管理工作中，决策是最基本的要素，无论是计划管理、组织管理、领导管理还是控制管理，每一项管理工作的开展都需要决策者根据实际情况进行分析和决策。企业管理工作实际上是由一系列的决策组成的，每个管理工作的每一个环节都离不开决策的身影。因此，在企业管理中，各项管理工作的效率和效果都与决策密切相关。

实际上，决策自始至终与管理形影不离，决策是企业管理者开展管理工作的基础。由于外部环境的复杂性，管理者面临的问题也是各种各样的，都需要他们根据当时的情况妥善做出决策。因此，采用科学合理的决策方法是提高企业管理效率的基础。通常情况下，管理者常采用的决策方法是个体决策，其优势是决策效率高，责任明确。在企业成立初期，个体决策具有较大的优势。但随着市场环境的变化和发展，要解决的决策问题也越来越复杂，而不同管理者的背景不同，看问题的角度不同，给出意见的动机也不同。在这种情况下，如果还采用个体决策，就会产生决策失误。为了避免单个决策者在决策过程中的信息太过主观，需要在决策过程中充分发挥集体的智慧，群决策（Group Decision Making，GDM）应运而生。群决策是可以充分集结群体内决策者的聪明才智，发挥背景不同和受教育水平不同的优势，避免单个决策者的局限性，使决策结果更加真实和客观的一种决策方法。传统的群决策是一种群体讨论和决策过程，其中决策者的数量较少（如三到五个人），复杂性通常不是很高（如一个家庭的购车决策、出行决策等）。

在决策科学中，群决策是一个重要的组成部分。人们从事的无论是日常活动、经济往来活动还是政治工作，都需要参考多个决策者的意见，并从一组考虑到他们的偏好和意见的备选方案中获得最佳解决方案（姚平等，2012；Wu和Liao，2019）。最终的结果不再依赖于单个决策者，而是取决于整个团队的选择。群决策的理论基础起源于现代经济学重要组成之一的社会选择理论，主要是为了分析决策者个人偏好和决策者集体偏好之间的关系，从而研究不同社会状态下决策方案的公正排序方式，以及不同标准下的偏好评价方法。随着社会的发展，实际参与决策活动的人员越来越多，决策活动也越来越复杂，群决策因此受到了广泛的关注，成为管理学和决策科学领域的一个热门话题（Pang和Liang，2012）。

传统群决策方法通常假定个体决策者之间是相互独立的，即决策者之间在决策过程中不存在相互影响。但是个体决策者的观点通常是在复杂的人际环境中形成的，可能受其他决策者观点的影响（Recio-García等，2013）。以德尔菲法、头脑风暴为例，这些群决策方法产生的决策结果是经过观点交互的，而非传统地对群体观点进行汇总。同时，随着互联网技术和社会化媒体的快速发展，决策者之间的交流变得更加方便快捷，在解决实际群决策问题时，决策者之间可能形成带有一定特征的社交关系网络，因此在群体决策的过程中需要考虑决策者之间的相互关系以及观点之间的相互影响。例如在某次投票选举中，有两个候选人1和2，投票人A更偏向于候选人1，但当他得知他信任的朋友即投票人B偏向于候选人2时，投票人A最终可能会受到投票人B的影响投票给候选人2；又例如，当几位同事需要选择一个旅游目的地共同游玩时，他们当中的有些人可能愿意在一定程度上改变自己的真实想法以满足其他人的喜好。上述决策问题的共同之处是个体决策者关于对决策方案的评价不仅仅与自身的真实偏好有关，而且与群体中其他决策者的偏好也相关。因此，在决策过程中，为了得到合理的决策结果，决策者们需要考虑社交网络下的关系和相互影响，快速地实现决策过程中意见的统一，从而提升决策过程的决策效率，实现决策者的多方共赢。

另外，在信息时代下，人们在被网络信息轰炸的同时，观点容易受到外界的干扰和影响。不同观点通过个体间的相互影响在群体中传播扩散，根据个体的决策方式发生聚合，导致群体观念的演化。早在 1956 年，French 就首次提出了观点动力学的基本模型。此后，出现了具有不同进化规则的观点动力学模型，如 DeGroot 模型（DeGroot，1974）、Friedkin—Johnsen 模型（Friedkin 和 Johnsen，1990；Pérez 等，2016）、有界信任模型（Deffuant 等，2000；Hegselmann 和 Krause，2002）。尽管观点动力模型已经被广泛研究，但在社交网络下基于观点演化的群决策研究还处于初级阶段。因此，研究基于观点演化的群决策不仅对丰富和完善群决策理论和方法体系具有重要的理论意义，而且对解决实际群决策问题具有重要的现实意义。

在应用方面，群决策模型已经应用在各个领域如水资源配置（Srdjevic 等，2013；Xu 等，2017；孙冬莹等，2019）、电影评分排序（Wu 等，2019c）、选址（Tian 等，2019）、应急管理（徐选华等，2017；徐选华等，2020）、供应商选择（程发新等，2012；王世磊等，2020）等。实际上，技术的发展和市场的全球化使得企业试图提高自己的表现，以生存在越来越多的竞争对手之中，并认为他们必须参与（直接或间接）提供投入负责企业的所有组织的各种活动，这种认识催生了对企业管理的重视。对企业的管理工作者来说，企业的决策涉及企业的方方面面，大到决定企业的经营方针，小到决定普通员工的去留，因此，做出合理的决策对企业管理者来说非常重要。随着全球化经济的发展和经济技术的不断进步，世界上每个国家的联系也越来越紧密，市场全球化的步伐也不断加快，企业之间将会开展更为激烈的竞争或更为密切的合作。随着社交媒体的发展，企业管理部门将会比以往更注重与客户之间的沟通交流，各企业的任何管理工作都暴露在复杂的社交网络之中。因此，企业之间的依存程度将会越来越高（Granovetter，1985）。

在企业管理中，选择合适的供应商是企业进行生产活动的重要环节，这是因为供应商是链接企业和原料之间的纽带，对新产品的研发起着至关重要的作用。另外，社会的发展以及客户消费水平的提高，都使得对产品的要求也在提高，其体现就是对供应商的要求也越来越高（韩开军和李金华，2009），且公司期望合适的供应商和高质量的服务。供应商选择是公司识别、筛选、评估、分析和与供应商签订合同的过程，在这一过程中任何公司都需要大量的资金和人力资源。供应商选择在决策科学、运营管理和生产经济学等领域得到了广泛的研究。相关研究表明，选择灵敏性和竞争力强的供应商是企业建立"双赢"管理模式的主要特征。黄燕奕和王安民（2007）研究发现，在企业管理中，企业选择合适的合作伙伴不仅需要对备选供应商的综合实力进行客观而准确的评价，而且还要确定供应商各个评价指标的权重。供应商选择是企业采购决策的重要组成部分，这大多数企业都需要面对的问题（Mendoza 和 Ventura，2010）。在经济活动中，企业需要依赖供应商来提高产品质量、降低成本或改善其运营的特定部分（Govindan 等，2015）。这足以说明供应商选择对任何企业的生产管理系统都具有重要意义（Chen 等，2011）。Chan 和 Kumar（2007）指出，企业会涉及各种各样的经营活动，供应商的选择是重要的活动之一，这是因为选择合适的供应商不但可以提高企业在市场环境中的竞争力，还可以帮助企业节约原材料成本。这对企业增强在市场中的适应能力、维护企业正常运转都有举足轻重的意义。如何对供应商进行科学的评价和选择，来降低企业运行风险，提高企业运转性能，也是近年来企业管理中的研究热点（宋华，2008；Junior 等，2014）。在供应商选择的过程中，不同供应商的表现有所不同，需要评估的供应商的信息也有所不同。这使得供应商在选择过程中的不确定性大大增加，选择的结果也具有多样性，从而意味着供应商的选择是一个复杂的决策问题（Kumar 等，2017；Guarnieri 和 Trojan，2019）。另外，供应商在选择过程中，往往需要借助群体的智慧来做出决策。同时由于不同决策群体的知识构架、背景和偏好的不同，他们在供应商选择时往往给出不确定信息或模糊信息，社交媒体的发展使得企业决策者之间观点的交流更加方便。因此，在企业管理中，如何利用偏好信息，基于群决策理论和网络科学分析方法，分析多个决策者的偏好行为，从而构建合理的偏好信息集结方法和群决策方法，并基于此进行有效的供应商评估和科学的决策是本书研究的重要课题。

1.1.2 研究意义

群决策问题存在于企业管理的各个方面，是当今管理学的核心内容之一，更是决策科学中的热门研究内容之一。群决策方法是一种科学、合理地处理企业管理问题和社会经济系统规划问题的有力工具。当然，决策科学和网络科学的发展使得在处理复杂的决策问题时产生了大量的关系数据、异构信息和不确定性信息。如何科学有效地评价这些信息，是当今决策科学和网络科学的一个重点研究课题。社交网络环境下的群决策方法填补了该领域的空白。异构信息集结、决策者意见共识达成、决策者观点间相互影响、多阶段信息评估等都有待更进一步研究和探索。探究有用的、合理的、科学的社交网络下的群决策方法和决策者的观点影响及应用，对决策科学和网络科学的发展起着一定的推动作用，对企业管理中的信息评估也有着重大意义。

1.1.2.1　理论意义

（1）充分利用信息集结理论及模糊偏好信息，拓展了决策者信息偏好形式多样性的视角。已有文献主要从信息集结的方法来对决策者的偏好进行集结，但是并没有考虑备选方案的属性之间的联系性。本书提出了一个新的信息集结算子，不但考虑决策属性间的相互支撑关系，也减少了集结算子在计算时的复杂程度，为群决策过程中不同决策者集结异构信息提供了理论指导。

（2）在群决策研究的基础上，结合社交信任网络和观点演化模型，探讨了基于 DeGroot 模型的群决策方法。大多数已有研究都是假设决策者之间是相互独立的，利用观点之间的相似性来确定决策者在整个决策过程中所占的权重，当决策结果失败时，决策者需要根据自身和群观点之间的差异性来改变他们的观点。然而，他们并没有考虑决策者是否愿意主动改变他们的观点。随着社交媒体的发展，决策者之间的社交联系越来越紧密。本书聚焦于在群决策共识达成过程中决策者的观点交互，通过整合社交网络和观点演化理论，探讨在群决策过程中决策者的观点演化规律以及影响决策者观点改变的因素，这对于群决策过程中分析观点的演化规律具有一定的指导意义。

（3）根据现代决策过程中多决策者、多阶段、偏好信息不确定等特点，引入社交网络和观点演化、模糊集合理论，结合多属性群体决策方法和动态综合评估方法，建立能够有效整合模糊偏好信息的集结模型和群体优化模型，正确把握模糊信息中的确定规律和因素，使得最终决策结果最大化地符合决策者的真实意图。同时为模糊环境下信息集结系统、群体决策支持系统的开发提供理论指导。

1.1.2.2　实际意义

与传统企业管理的观念相比，现代的企业管理中采购企业与供应商之间不再是简单的买卖关系，而是资源共享、信息共享、利益共享和成本及风险共享的合作伙伴关系。供应商选择是企业管理中重要且突出的一部分，是企业竞争力构成的主要要素，甚至是企业提高自身竞争力的核心。供应商的选择、成长与未来发展，也直接影响着采购企业的连续性、协调性和整体性。因此，探究群决策理论和方法在企业管理中的应用，尤其是在供应商选择问题中的应用，对拟采购企业和潜在供应商来说都有一定的实际意义。具体如下：

（1）企业管理者在邀请各类决策者进行评选活动时，因为不同的决策者有不同的社会经验、教育背景和兴趣偏好，决策者在评估供应商时可能会有不同的偏好表现形式，通过对不同决策者的信息进行有效集结，企业管理者可以更容易地实施供应商选择的评估活动。

（2）供应商在选择过程中引入共识达成过程，可以有效避免企业管理者在进行供应商选择活动时决策者之间的冲突。在供应商选择过程中，由于复杂多变和不确定的决策环境，以及决策者背景和认知的不同，决策者给出的评估信息可能包含相互矛盾的判断。考虑社交网络和企业管理者的观点交互，提出新的多属性群决策方法，构建科学合理的供应商选择方法体系，对于企业提升决策效率具有重要的意义。

（3）由于供应商的绩效通常随时间波动，企业需要对供应商在过去的几个时期进行评估，而不是一个时期。随着周围环境的变化，决策者会交换意见并相互影响。此外，多个决策者并不总是知识渊博，因此有时用模糊数表达他们对供应商的偏好。通过分析企业管理者的多阶段模糊信息及观点交互，提出一种考虑多阶段模糊信息和决策者意见交互的群决策方法，为企业适应复杂多变的决策环境，以及符合现代社会网络的需求提供理论支持。

1.2 研究目的和研究方法

1.2.1 研究目的

在企业管理中，决策者观点的多样性及决策者的社交网络关系，以及参与决策的管理者越来越多，决策的不确定性因素、不确定性关系和多阶段的动态表现形式也为企业管理带来很多不可预测的结果。如何集结这些不同形式的偏好信息，利用社交网络关系和决策者观点交互的思想，并降低这些不确定性因素对企业管理带来的影响，是国内外学者针对企业管理的热门的重要课题。本书主要是先通过文献综述找到现有研究中存在的一些问题，然后进行理论研究、算例分析和仿真模拟，并通过定性评价和定量分析相结合的方法开展基于观点演化的群决策理论的研究，最后把相关的理论研究在企业管理中进行应用。具体来说，本书主要的研究目的如下：

（1）在群决策中，需要对决策者不同性质的观点进行集结，汇总成群观点，并根据群观点，利用排序方法选择出最优的方案。在这个过程中，基于异构信息的信息集结方法是一个重要研究。虽然算术平均算子、几何平均算子等集结算子在计算时比较简单，但是并未考虑决策属性间的相互支撑关系。同时，幂平均算子不仅考虑了决策属性间的相互支撑关系，而且在做出决策时能反映出来群观点的精细差别。因此，本书的第一个研究目的就是在集结异构信息时如何既考虑决策属性间的相互支撑关系，又能减少计算时的复杂性。因此，本书通过对决策者提供的评价信息进行集结，构建一种基于异构群体偏好信息的集结方法，并使用基于互补判断矩阵的排序方法来选择最佳方案。

（2）在群决策中，由于决策者的个人背景及偏好不同，决策者的观点往往存在很大的分歧，决策者观点的相互影响和共识达成机制都可以影响决策的结果。如果直接利用集结算子对决策者的观点进行集结并排序做出最终决策，则会导致决策结果的不合理性，从而影响决策活动的顺利实施。因此，需要利用群体共识来判断决策者观点的分歧程度，如果分歧太大，则需要利用反馈机制来调整某些决策者的观点。然而，传统的反馈机制大多没有考虑决策者是否愿意主动改变他们的观点。因此，本书的第二个研究目的就是如何遵循决策者们的观点演化规律，构建决策者们愿意接受的反馈机制来改变其观点达成共识并做出决策。基于此，本书提出了基于社交网络和观点演化的共识达成机制。该方法不仅研究决策者的社交网络关系对决策结果的影响；还研究当参与决策的人数较多时，决策者间的社交网络和观点交互是如何影响决策结果并提高决策效率的。

（3）由于决策者对方案的评估会随着时间的变化而变化，在综合决策者的观点时，不应该只考虑某一阶段的观点，而应考虑多阶段决策者的观点。此外，多个决策者并不总是知识渊博，有时会使用不确定信息表达他们的偏好。因此，本书的第三个研究目的就是如何在不确定的环境下，充分考虑决策者之间的观点交互，分析不同时间因素对决策结果的影响，从而满足决策者在不同条件下的评价需求。基于此，本书通过对时间因素和各部门决策者意见交互影响的分析，提出了一种考虑多阶段模糊信息和决策者观点交互的群决策方法，目的在于解决决策过程中多阶段的评估问题。

（4）供应商选择是企业管理中的重要工作，虽然许多企业认识到选择供应商的重要性，但是企业在实际选择供应商时，还是有比较高的失败率（Bleeke和 Ernst，1992；Dyer 等，2001）。追其原因，涉及供应商选择的多个环节和方面，其中企业决策部门信息沟通不及时、参与决策的管理者知识有限、各部门之间的意见冲突以及供应商的环境多变是主要原因。企业在选择供应商时，周围市场环境的变化、人们需求的不确定性以及企业决策者给出的评估信息不确定等造成不能预先对每个供应商在各个标准方面都提供准确的信息（Williamson，1975；Oxley，1997），因此，本书的第四个研究目的就是聚焦于企业管理中决策者对供应商选择的影响，从企业管理者信息集结、协调与控制，多阶段评估供应商几个方面对企业管理中出现的决策问题进行探讨。其目的在于为企业提供相关领域的知识，弥补企业管理过程中的不足，为企业管理提供一些实际的指导工作。

1.2.2 研究方法

本书涉及管理学、心理学、社会学等许多研究领域，通过阅读有关文献，深入了解基于社会网络的群决策方法及应用的研究现状，明确研究背景，设定研究框架，主要采用定性和定量分析相结合、理论和实验相结合的研究方法对基于观点演化的群决策方法及其在企业管理中的应用进行深入的研究。在本书中，我们的研究方法主要是从经典的决策理论出发，基于以往的信息集结方法、多属性决策（Multiple Attribute Decision Making，MADM）研究方法、模糊集理论、群决策研究方法、社交网络分析方法、图论等，对已有方法的进行补充或改进，并把改进方法应用到企业管理中。具体如下：

（1）文献分析法。查阅并梳理国内外关于社交网络、观点演化、多属性群决策、模糊决策、供应商选择等的文献，为本书研究内容的确定提供参考。在文献分析和理论研究的基础上，提出研究内容，构建理论模型。

（2）偏好信息集结方法（集结算子）。在群决策的研究中，重要的研究内容之一是集结决策者的偏好信息并做出决策，这就要求选择的集结算子不但能够准确地计算出决策的结果，而且还要正确、合理地体现出决策的效果和目的。本书中主要应用算术加权平均算子（WAA）、幂算子（PA）和改进的幂加权平均（IWPA）算子来集结决策者的偏好信息。

（3）多属性决策方法。企业管理中的决策问题可以由决策者根据备选方案的多个属性来进行评估，并且选择出合适的方案。但是随着环境和时间的变化，决策者在多个阶段内对备选方案的评估也在变化，考虑动态的评估可以使决策结果更加准确。以企业管理中的供应商选择问题为例，本书主要应用线性规划方法确定时间权重和决策者权重，应用 TOPSIS 方法和群决策方法对供应商选择进行综合评估。

（4）模糊集的理论与方法。当决策活动相对比较简单时，决策者对备选方案的评估可以用精确数表示，但是随着社会的发展以及环境的变化，决策者对备选方案的评估信息往往是不精确或模糊的，这类复杂问题就不能用传统的多属性群决策方法往来解决。因此，需要模糊集的理论来支撑和融合经典的多属性决策理论和群体决策理论。

（5）社会网络分析方法。社会网络分析方法的理论基础是复杂网络和图理论，是应用数学方法，辅助以计算机技术，定量地分析人、群体或组织之间的相互影响和关系，发现其隐藏的现象，揭示人、群体或组织之间的演化规律。本书主要通过网络分析，把决策者之间的信任关系和相互影响关系，通过网络直观地表示出来。

（6）计算机仿真。计算机仿真是一种先构建系统的仿真模型，从而利用计算机对该仿真模型进行模拟实验研究的过程。计算机仿真方法在技术开发、现代科学研究中都发挥着重要作用。本书采用的是美国 Math Works 公司出品的用于算法开发、数据可视化、数据分析和数值计算的编程平台——Matlab。为了验证我们提出的方法能更有效率地让决策者做出决策，利用计算机仿真分析方法，按照数据的特征随机做了大量的重复实验。

1.3　研究内容

随着信息技术的发展，企业管理中传统的决策方法不能满足大数据时代下管理决策的需求。决策者在新时代的决策环境中呈现出更加有特色的偏好，决策者数量的增加、决策者间复杂的社交网络关系、决策信息的异质性、决策过程的动态性等都加剧了决策者在决策时的冲突，增加了决策过程的困难。因此，如何在复杂的决策环境下对异质信息进行集结，以及如何在社交网络环境下，通过对决策者网络关系的分析，对决策者信息进行综合评价是现代企业管理中的重要研究。本书围绕企业管理中群决策理论与方法展开研究，辅助以网络科学理论，基于决策者的偏好信息，发掘社交网络下的决策者的观点演化行为，分析在社交网络背景下决策者的观点演化行为对群决策过程中决策者共识达成效率和决策结果的影响。本书的具体的研究内容如下（见图 1.1）：

（1）基于矩阵相似性的异构群体偏好信息集结方法及应用。在该研究中，针对群决策过程中决策者提供的不同偏好形式，给出了一种基于矩阵相似性的异构群体偏好信息集结方法。同时针对决策选择中不同部门、不同背景的决策者提供的不同形式的偏好信息，应用此方法进行信息集结和决策分析，从而帮助决策者选择最佳方案。

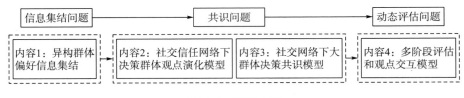

图 1.1　研究内容

（2）基于 DeGroot 模型的多属性群决策及其应用。在该研究中，针对传统的群决策研究在构建反馈机制并未考虑决策者是否愿意改变他们自身的观点以及决策者坚持自己观点的程度等问题，通过利用社交信任网络中的关系及信任传递和信任集结，构建整个社交信任网络，在此基础上，确定决策者的权重，然后引入 DeGroot 模型，提出一种基于社交信任网络的多属性群体决策方法。

（3）基于有界信任和社交网络的大规模群决策（Large-Scale Group Decision Making，LSGDM）及其应用。在该研究中，针对同一个社交网络里决策者的信任关系，以及当决策者与其他决策者观点的距离在一个有界信任的范围之内时，决策者的观点往往受到他所信任的其他决策者或和他观点差异较小的其他决策者的影响等问题，提出了一种基于有界信任度和社交网络管理决策者意见的大规模群决策方法，并利用决策者之间的意见分歧和信任关系来促进共识达成。针对供应商在选择过程中不同部门需要协调控制以达成共识问题，应用本方法分析各部门决策者观点相互影响，以协调和促成各部门达成共识，并帮助企业选择最佳供应商。

（4）基于多阶段模糊信息和决策者意见交互的供应商选择群决策方法。由于不同时间段决策者对供应商的评估不同，因此企业在选择供应商时不应该只评估某一时间段。同时由于决策者的受教育背景不同，给出的评估信息往往是不确定的。在该研究中，针对供应商在选择过程中决策者偏好的不确定性、观点受时间因素影响以及决策者之间观点交互等问题，在熵权法的基础上，采用非线性数学规划方法（Guo 等，2007）确定时间段的权重，利用社交影响网络来确定决策者的权重，通过引入 Friedkin—Johnsen 模型，提出了一种考虑多阶段模糊信息和决策者意见交互的供应商选择群决策方法。

1.4　创新点

本书主要是利用社交网络关系研究决策者的观点演化规律，创新点如下：

（1）提出了基于矩阵相似性的异构群体偏好信息集结方法。在实际决策问题中，由于决策者知识的有限性和决策问题本身的复杂性，决策者对备选方案的评估值往往通过不同的偏好形式表示。利用不同偏好关系间相互转换的计算公式，把不同形式的偏好信息转为模糊偏好关系矩阵。基于矩阵相似性，本书提出了一种改进幂加权平均集结算子，该算子不但可以最大限度地反映数据间的关系，而且可以减少计算时的复杂度，改善决策效果并使决策过程更加合理。

（2）考虑了社交网络和决策者观点演化过程，来促进决策者达成共识做出决策。决策者的社交网络关系可以促进他们之间的观点交流，当决策者与其他决策者的观点较为接近时，他更愿意与他观点接近的决策者们进行观点的交流与沟通。基于此，本书提出了社交网络环境下基于 DeGroot 模型的多属性群决策方法、基于有界信任和社交网络的大规模群决策方法。其目的是利用社交网络关系研究决策者的观点演化规律，以解决企业管理中各部门决策者观点相互影响，为部门协调达成共识帮助企业做出决策的情况。

（3）考虑了多阶段模糊信息和决策者之间的意见交互过程，满足决策者不同决策环境下的评价要求。现实生活中，决策者对备选方案的评价往往会随着时间的推移而波动，并且受到环境变化的影响。随着移动软件的发展，决策者之间会交换意见并相互影响。因此，为了满足决策者不同的评价要求，分析时间因素和决策者意见交互的影响，提出了一种考虑多阶段模糊信息和决策者意见交互的供应商选择群决策方法。

第 2 章 理论基础

本章主要介绍本书用到的基本理论知识，包括多属性群决策、模糊集理论、社交网络和观点演化等内容。

2.1 多属性群决策

多属性群决策是指在决策过程中邀请多位决策者根据多个属性，对不同备选方案进行评价，目的是集结各位决策者的综合意见来选择最佳的备选方案。多属性群决策是在多属性决策（Multiple－Attribute Decision Making，MADM）的基础上，考虑多个决策者的决策偏好而形成的决策过程。与单人决策相比，多个决策者所做的决定更能够符合大众预期，并且更具有信服力。多属性群决策可以通过多位决策者的共同努力，分别考虑不同决策因素，从而获得更大的影响力和更准确的决策结果。由于多属性群决策是多属性决策的延伸和扩展，多属性决策中的部分理论和方法同样适用于多属性群决策。

多属性决策的特征是一组备选方案有多个属性，决策者先根据这一组备选方案的属性进行评价，然后根据评价意见对备选方案进行排序并选择出最合适的方案（徐玖平和吴巍，2008）。多属性决策是现代决策重要的组成部分，在经济、政治、军事等领域应用非常广泛，例如企业管理中的供应商选择、经济活动中的投资决策、政治中的投票选举、军事中的武器系统性能测定等。

多属性决策问题主要由三部分构成，规范化决策矩阵、确定属性权重和决策方案综合排序（见图 2.1）。

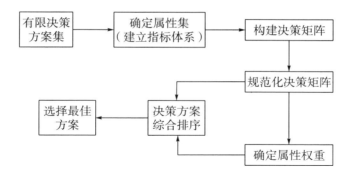

图 2.1　多属性决策

2.1.1　属性的规范化方法

由于评估属性的量纲不同（成本型属性、效益型属性），因此需要进行量纲的归一化，在经典多属性决策问题中，假设 $X = \{x_1, x_2, \cdots, x_m\}(m \geqslant 2)$ 为 m 个备选方案的集合，$C = \{c_1, c_2, \cdots, c_q\}(q \geqslant 2)$ 为备选方案的 q 个评估属性的集合，根据备选方案集合评估属性集的关系，得到决策者对所有方案所有指标的评价矩阵为 $\boldsymbol{V} = (v_{ij})_{m \times q}$，其中 v_{ij} 是决策者对第 i 个方案第 j 个属性的评价值，v_{ij} 既可以是精确数（Zha 等，2019b），也可以是模糊数（Wu 和 Xu，2018；Song 和 Li，2019），还可以是语言变量、区间数等。

$$
\boldsymbol{V} = \begin{bmatrix}
v_{11} & v_{12} & \cdots & v_{1q} \\
v_{21} & v_{22} & \cdots & v_{2q} \\
\vdots & \vdots & \vdots & \vdots \\
v_{i1} & \cdots & v_{ij} & \cdots \\
\vdots & \vdots & \vdots & \vdots \\
v_{m1} & v_{m2} & \cdots & v_{mq}
\end{bmatrix}
\tag{2-1}
$$

在决策科学中，属性一般分为定量属性和定性属性。由于评估属性代表的含义不同，因此需要规范化评估属性。一般情况下，评估属性的指标有以下几种类型：成本型指标、效益型指标、固定型指标、偏离型指标和区间型指标（刘树林和邱菀华，1998），其中成本型指标和效益型指标是最常用的两类指标。成本型指标是指其值越小越好的指标，如单位产品的成本、企业对环境的污染等；效益型指标是指其值越大越好的指标，如单位产品的收益、产品的销售额等；固定型指标是指其值越接近某个固定值越好的指标；偏离型指标是指其值越远离某个固定值越好的指标；区间型指标是指其值越接近某个固定区间越好的指标。由于最常用的指标是效益型指标和成本型指标，在决策过程中，为了计算的方便，需要先把不同量纲的评估属性先规标准化。下面介绍具体的标准化方法：

（1）极差变化法（Hwang 和 Yoon，1981）。

$$
v'_{ij} = \begin{cases} \dfrac{v_{ij} - \min\limits_{i} v_{ij}}{\max\limits_{i} v_{ij} - \min\limits_{i} v_{ij}}, i \in M, j \in I_1 \\[3ex] \dfrac{\max\limits_{i} v_{ij} - v_{ij}}{\max\limits_{i} v_{ij} - \min\limits_{i} v_{ij}}, i \in M, j \in I_2 \end{cases} \tag{2-2}
$$

式中，I_1 为效益型指标，I_2 为成本型指标，$M = \{1,2,\cdots,m\}$。在标准化之后，每个评估属性的指标值都是属于 $[0,1]$，而且评估的结果并不会带来比例上的差异。

（2）线性刻度转换法（Nijkamp，1977）。

$$
v'_{ij} = \begin{cases} \dfrac{v_{ij}}{\max\limits_{i} v_{ij}}, i \in M, j \in I_1 \\[3ex] \dfrac{\min\limits_{i} v_{ij}}{v_{ij}}, i \in M, j \in I_2 \end{cases} \tag{2-3}
$$

式中，I_1 为效益型指标，I_2 为成本型指标，$M = \{1,2,\cdots,m\}$。线性刻度转化法的好处在于对原始评估属性的指标值进行了线性转换，并且保留了对结果重要性的保留。

2.1.2 权重确定的方法

在实际决策过程中，不同的评估属性或者方案的重要性不一样，它们具有不同的权重。常见的权重确定方法有主观赋权法、客观赋权法等。由于本书研究中应用到了德尔菲法和熵权法，因此，下面主要围绕主观赋权法中的德尔菲法和客观赋权法中的熵权法展开介绍。

2.1.2.1 主观赋权法

主观赋权法的特征是决策者从主观意愿出发，根据自身的经验背景，结合要解决的决策问题来合理地确定评估指标的权重，防止出现评估指标重要程度与其权重相悖的情况。其缺点是决策结果有较强的随意性，缺乏客观性，在决策过程中会增加决策者的负担，在应用方面受到局限。常用的有德尔菲法（Dephi Method）、层次分析法（Analytic Hierarchy Process，AHP）、最小平方法等。下面介绍德尔菲法（见图 2.2）的相关内容：

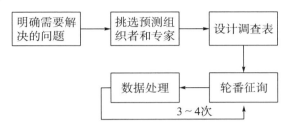

图 2.2　德尔菲法

　　20 世纪 40 年代，赫尔默（Helmer）和戈登（Gordon）创立了德尔菲法，然后被美国兰德公司推广并得到广泛认可。德尔菲法最初应用在科技领域，后来广泛应用在军事领域、教育预测、经营和需求预测等方面。在企业管理方面，其可以用来进行评价、决策、管理沟通和规划工作。德尔菲法，也称为专家调查法。其由企业专门成立一个预测机构，预测机构包括企业内部的预测组织者和相关领域的专家。组织者需要将企业需要解决的问题整理成一个文档，然后把文档采用邮件或调查问卷等方式发给预测机构内部的人员。当预测机构内的专家对文档内的问题做出判断或给出意见时，组织者负责收集他们的意见并汇总出综合意见反馈给他们，然后再次征询他们的意见。在这个过程中，预测组织者和专家会根据综合意见改变自己原有的意见，并在此基础上汇总。就这样循环，直到预测组织者和专家的意见较为一致为止。在调查过程中，预测组织者和专家匿名发表他们的意见，并且他们之间是相互独立、互不往来的，这就避免了在专家会议法中经常发生的不能充分表达意见或者意见受权威领导的影响等弊病。正是由于德尔菲法具有这些优势，所以它才能在众多预测或决策方法中脱颖而出。

　　德尔菲法在实施过程中，预测机构内部的预测组织者和专家仍始终都在活动，而且其调查表和以往的调查表有所不同，除了要求调查者需要回答问题并交流发表意见之外，还需要向调查者提供汇总的意见，以便调查者进行思想交流。

2.1.2.2　客观赋权法

　　由于主观赋权法存在一定的局限，学者们提出了客观赋权法，其特点是原始数据由各属性在决策方案中的实际数据构成，属性权重受各属性的变化程度影响，同时其他方案中属性的影响程度也是确定属性权重的一个重要因素。因此，在属性权重确定过程中，首先要考虑来源于客观环境的原始数据信息，然后深入讨论不同决策方案中不同属性的相互联系及影响，最后通过分析各属性的关联程度或各属性所提供的信息量的大小来计算属性权重。熵权法是一种重要的客观权重确定方法，也是本书中用到的一种权重确定方法。

熵是热力学概念的一种，是由 C. E. Shannon 最先提出的，在很多领域得到了十分广泛的应用，如社会、工程、经济、技术等方面。熵权法求解客观的指标权重的流程：首先根据各属性指标的变异程度，在信息熵的基础上计算出各属性指标的熵权，然后通过熵权法修正各指标的权重得到属性权重。信息熵是利用数学概率理论来衡量信息不确定性的一种测算方法，代表的含义是原始数据的差异越大，其稳定性越高。若第 j 个属性的信息熵 E_j 越大，说明该属性包含的信息越多，信息量越大，且属性的变化也越大，对于该属性来说，它在整个决策过程中所起到的作用也越大，因此，该属性应该被赋予较大的权重。相反，若第 j 个属性的信息熵 E_j 越小，说明该属性包含的信息越少，信息量越小，且属性的变化也越小，对于该属性来说，它在整个决策过程中所起到的作用也越小，因此，该属性应该被赋予较小的权重。针对现实中的决策环境，假如有 m 个备选方案，q 个属性指标，原始评价矩阵为 $\boldsymbol{V}$：

$$\boldsymbol{V} = (v_{ij})_{m \times q} = \begin{bmatrix} v_{11} & v_{12} & \cdots & v_{1q} \\ v_{21} & v_{22} & \cdots & v_{2q} \\ \vdots & \vdots & \vdots & \vdots \\ v_{i1} & \cdots & v_{ij} & \cdots \\ \vdots & \vdots & \vdots & \vdots \\ v_{m1} & v_{m2} & \cdots & v_{mq} \end{bmatrix} \tag{2-4}$$

则熵权法求各指标权重的步骤如下：

（1）计算第 i 个方案第 j 个属性的指标值的比重 p_{ij}：$p_{ij} = v_{ij} / \sum_{i=1}^{m} v_{ij}$。

（2）计算第 j 个指标的熵值 $E_j = -k \cdot \sum_{i=1}^{m} v_{ij} \cdot \ln p_{ij} (j = 1, 2, \cdots, q)$，其中 $k = 1/\ln m$。

（3）计算第 j 个指标的熵权 $F_j = \dfrac{1 - E_j}{\sum_{j=1}^{q} (1 - E_j)} (j = 1, 2, \cdots, q)$。

（4）确定指标的综合权数。

另外，每个决策者对属性指标权重都有自己的主观偏好，并可以根据自身的偏好设置属性权重为 $\alpha_j (j = 1, 2, \cdots, q)$，结合指标的熵权 F_j 的综合权数，得到属性权重为：$\omega_j = \dfrac{\alpha_j F_j}{\sum\limits_{i=1}^{q} \alpha_i F_i} (j = 1, 2, \cdots, q)$。

熵权法求解属性权重不但应用场景广泛，而且可以去掉在属性指标体系中对评价结果贡献不大的指标。

2.1.3 方案的排序

2.1.3.1 基于集结算子的方案排序

在多属性决策过程中，为了对方案进行综合评价，需要根据不同属性的信息，对属性进行集结，选择合适的集结算子有助于提高决策效率和准确性。常用的偏好信息集结算子有算术加权平均算子（Weighted Arithmetic Averaging Operator，WAA）（Harsanyi 和 Welfare，1955）和几何加权平均算子（Weighted Geometric Averaging operator，WGA）（Aczél 和 Saaty，1983）。

$$WAA_w(x_1, x_2, \cdots, x_n) = \sum_{j=1}^{n} w_j x_j \tag{2-5}$$

$$WGA_w(x_1, x_2, \cdots, x_n) = \prod_{j=1}^{n} x_j^{w_j} \tag{2-6}$$

式中，$w = \{w_1, w_2, \cdots, w_n\}^{\mathrm{T}}$ 是信息向量 $(x_1, x_2, \cdots, x_n)$ 的权重向量，且 $w_i > 0$，$\sum\limits_{i=1}^{n} w_i = 1$，$i \in \{1, 2, \cdots, n\}$。

最后，根据集结后的数值结果，对评估方案进行排序。

2.1.3.2 理想解相似度排序法

理想解相似度排序法（TOPSIS）的核心思想满足两个条件（Hwang 和 Yoon，1981）：第一，备选方案与理想方案距离最小；第二，备选方案与负理想方案距离最大。基于距离的排序是 TOPSIS 方法的基础，该方法是处理多准则决策（Multi-Criteria Decision Making，MCDM）问题的经典方法之一（Shen 等，2013）。TOPSIS 方法容易理解且计算简单，首先需要找出理想方案和负理想方案，其中最优属性的集合组成理想方案，最差属性的集合组成负理想方案，然后计算备选方案与理想方案和负理想方案的相对贴近程度，判断方案的好与不好（徐玖平，2002；杨宝臣和陈跃，2011）。具体的决策步骤如下：

（1）根据规范化方法，统一量纲，把初始评估矩阵 $\boldsymbol{V} = (v_{ij})_{m \times q}$ 标准化，标准化后的决策矩阵表示为 $\boldsymbol{V}' = (v'_{ij})_{m \times q}$：

$$\boldsymbol{V} = \begin{bmatrix} v_{11} & v_{12} & \cdots & v_{1q} \\ v_{21} & v_{22} & \cdots & v_{2q} \\ \vdots & \vdots & \vdots & \vdots \\ v_{i1} & \cdots & v_{ij} & \\ \vdots & \vdots & \vdots & \vdots \\ v_{m1} & v_{m2} & \cdots & v_{mq} \end{bmatrix} \xrightarrow{\text{标准化}} \boldsymbol{V}' = \begin{bmatrix} v'_{11} & v'_{12} & \cdots & v'_{1q} \\ v'_{21} & v'_{22} & \cdots & v'_{2q} \\ \vdots & \vdots & \vdots & \vdots \\ v'_{i1} & \cdots & v'_{ij} & \\ \vdots & \vdots & \vdots & \vdots \\ v'_{m1} & v'_{m2} & \cdots & v'_{mq} \end{bmatrix} \quad (2-7)$$

（2）在确定各属性的权重向量 $\boldsymbol{\omega} = (\omega_1, \omega_2, \cdots, \omega_q)^{\mathrm{T}}$ 后，可计算方案的指标加权评价矩阵：

$$\boldsymbol{Z} = \boldsymbol{V}'\boldsymbol{\omega} = \begin{bmatrix} \omega_1 v'_{11} & \omega_2 v'_{12} & \cdots & \omega_q v'_{1q} \\ \omega_1 v'_{21} & \omega_2 v'_{22} & \cdots & \omega_q v'_{2q} \\ \vdots & \vdots & \vdots & \vdots \\ \omega_1 v'_{m1} & \omega_2 v'_{m2} & \cdots & \omega_q v'_{mq} \end{bmatrix} = \begin{bmatrix} z_{11} & z_{12} & \cdots & z_{1q} \\ z_{21} & z_{22} & \cdots & z_{2q} \\ \vdots & \vdots & \vdots & \vdots \\ z_{m1} & z_{m2} & \cdots & z_{mq} \end{bmatrix} \quad (2-8)$$

式中，$\boldsymbol{\omega} = (\omega_1, \omega_2, \cdots, \omega_q)^{\mathrm{T}}$，满足 $\omega_i > 0$，$\sum\limits_{i=1}^{q} \omega_i = 1$，$i \in \{1, 2, \cdots, q\}$。

（3）根据第（2）步的指标加权评价矩阵，计算理想解 Z^+ 和负理想解 Z^- 的集合：

$$Z^+ = \{(\max_i z_{ij} \mid j \in I_1), (\min_i z_{ij} \mid j \in I_2) \mid i \in M\} = \{z_1^+, z_2^+, \cdots, z_q^+\}$$
$$Z^- = \{(\min_i z_{ij} \mid j \in I_1), (\max_i z_{ij} \mid j \in I_2) \mid i \in M\} = \{z_1^-, z_2^-, \cdots, z_q^-\} \quad (2-9)$$

式中，I_1 为效益型指标，I_2 为成本型指标，$M = \{1, 2, \cdots, m\}$。

（4）假设备选方案与理想解 Z^+ 间的距离 S_i^+ 和负理想解 Z^- 间的距离 S_i^- 用欧式（Euclid）距离表示，则它们之间的距离 S_i^+ 和 S_i^- 可以表示为：

$$S_i^+ = \sqrt{\sum_{j=1}^{q} (z_{ij} - z_j^+)^2}$$
$$\quad (2-10)$$
$$S_i^- = \sqrt{\sum_{j=1}^{q} (z_{ij} - z_j^-)^2}$$

（5）计算每个备选方案与负理想解的距离相对于备选方案与理想解和负理想解的距离之和的比重，也就是相对贴近度 D_i：

$$D_i = \frac{S_i^-}{S_i^+ + S_i^-} \tag{2-11}$$

（6）对方案进行排序，排序的依据标准是根据贴近度 D_i 的大小。

2.1.4 矩阵的表示

随着决策参与者的增多，考虑群决策问题变得更加重要。1948 年，Black 首次提出了群决策的概念。Hwang 在 1987 年对群决策进行了扩充，将其定义为，对于一组备选方案，一组决策者根据各自的偏好对其进行评价，然后按照某种集结规则集结决策者的偏好，对备选方案进行排序并选择出最合适的方案。当决策者的偏好冲突较大，决策结果不能令决策者满意时，需要利用某种调整规则改变决策者的意见，直到达成统一的决策结果（徐玖平和陈建中，2009）。

通常情况下，一个多属性群决策问题有以下表达形式：给定一组决策者 $E = \{e_1, e_2, \cdots, e_n\}(n \geqslant 2)$，一组备选方案 $X = \{x_1, x_2, \cdots, x_m\}(m \geqslant 2)$ 的属性集合为 $A = \{a_1, a_2, \cdots, a_q\}(q \geqslant 2)$。其中决策者的权重为 $\boldsymbol{w} = \{w_1, w_2, \cdots, w_n\}^{\mathrm{T}}$，且有 $\sum_{h=1}^{n} w_h = 1$，属性的权重为 $\boldsymbol{\omega} = \{\omega_1, \omega_2, \cdots, \omega_q\}^{\mathrm{T}}$，且有 $\sum_{j=1}^{q} \omega_j = 1$。多属性群决策的目标是基于多属性矩阵 $\boldsymbol{V}^h = (v_{ij}^h)_{m \times q}(h = 1, 2, \cdots, n)$ 获得从最佳到最差的备选方案的排序，其中 v_{ij}^h 代表第 h 个决策者对第 i 个方案第 j 个属性的评价值（见表 2-1）。

表 2-1 多属性群决策矩阵的表示形式

$\boldsymbol{V}^1$		a_1	a_2	$\cdots$	a_q	$\boldsymbol{V}^2$		a_1	a_2	$\cdots$	a_q
	x_1	v_{11}^1	v_{12}^1	$\cdots$	v_{1q}^1		x_1	v_{11}^2	v_{12}^2	$\cdots$	v_{1q}^2
	x_2	v_{21}^1	v_{22}^1	$\cdots$	v_{2q}^1		x_2	v_{21}^2	v_{22}^2	$\cdots$	v_{2q}^2
	$\cdots$	$\cdots$	$\cdots$	$\cdots$	$\cdots$		$\cdots$	$\cdots$	$\cdots$	$\cdots$	$\cdots$
	x_m	v_{m1}^1	v_{m2}^1	$\cdots$	v_{mq}^1		x_m	v_{m1}^2	v_{m2}^2	$\cdots$	v_{mq}^2

...		a_1	a_2	...	a_q	$\mathbf{V}^n$		a_1	a_2	...	a_q
	x_1	...	...	...	...		x_1	v_{11}^n	v_{12}^n	...	v_{1q}^n
	x_2	...	...	...	...		x_2	v_{21}^n	v_{22}^n	...	v_{2q}^n
	...	...	...	...	...		...	...	...	...	...
	x_m	...	...	...	...		x_m	v_{m1}^n	v_{m2}^n	...	v_{mq}^n

在多属性群决策中，每位决策者都根据自己的经验背景对每个备选方案的每个属性给出了自己的评价，而为了找到这一组决策者对方案的统一的意见或者观点来选择出最合适的方案，需要对多属性决策矩阵进行信息集结。由于周边环境的复杂性和决策者的认知及偏好不同，每个决策者给出的评价矩阵也会不同，甚至存在冲突，如果直接将其进行信息集结会导致决策结果的不合理性，因此在群决策中会增加共识达成过程，以调整那些观点冲突较大的决策者的观点。但因为对于不同的决策问题而言，每个决策者在决策过程中发挥的作用是不一样的，即决策者的重要性不一样，简称"决策者权重"，所以决策者权重将直接影响到群决策者评价意见集结的最终结果。因此，决策者权重的确定是多属性群决策中的关键问题。

2.2　模糊集理论

1965 年，美国著名的控制论决策者、加利福尼亚大学教授 Zadeh 提出了模糊集（Fuzzy set）的概念（Zadeh，1965），并建立了模糊集合理论，以便用来解决管理决策中存在的大量模糊性。由于评估环境的复杂性及不确定性、决策者知识的局限性和思维的模糊性，备选方案的评估信息往往不能准确给出，而是表现出一定的模糊性。在群决策过程中，无论是决策者客观的评估信息还是主观的评估信息都会造成决策过程的不确定性，因此在决策选择时需要考虑不确定信息的评估。

在数学上，模糊集理论的基础内容是模糊集和模糊运算。在决策科学领域，模糊集主要应用在不确定性和动态决策等领域，发挥着非常重要的作用。模糊集为群决策方法提供了理论基础。

定义 2.1　设 X 为一个有限论域，$\widetilde{A}$ 为 X 上的模糊集，则 $\widetilde{A}$ 被定义为

$$\widetilde{A} = \{(x, \mu_{\mathrm{A}} \sim (x)) \mid x \in X\} \tag{2-12}$$

式中，$\mu_{\widetilde{A}}(x)$ 是 $\widetilde{A}$ 的隶属函数，满足：$\mu_{\widetilde{A}}:X\to[0,1]$。

定义 2.2　设模糊集 $\widetilde{A}\in F(\widetilde{A})$，$\widetilde{A}$ 的支集 $Sup\widetilde{A}$ 和 $\widetilde{A}$ 的核 $Ker\widetilde{A}$ 分别定义为：

$$Sup\widetilde{A}=\{x\,|\,x\in X,\mu_{\widetilde{A}}(x)>0\} \tag{2-13}$$

$$Ker\widetilde{A}=\{x\,|\,x\in X,\mu_{\widetilde{A}}(x)=1\} \tag{2-14}$$

式中，当 $Ker\widetilde{A}\neq\varnothing$ 时，称 $\widetilde{A}$ 为正规模糊集。

定义 2.3　设模糊集 $\widetilde{A}\in F(\widetilde{A})$，若对 $\forall x,y\in\mathbf{R}$ 以及 $\forall\lambda\in[0,1]$，有

$$\min\{\mu_{\widetilde{A}}(x),\mu_{\widetilde{A}}(y)\}\leqslant\mu_{\widetilde{A}}[\lambda x+(1-\lambda)y] \tag{2-15}$$

则称 $\widetilde{A}$ 为凸模糊集。

定义 2.4　（Dubois 和 Prade，1978）设模糊集 $\widetilde{A}\in F(\widetilde{A})$，如果 $\widetilde{A}$ 符合以下三个条件，则称 $\widetilde{A}$ 是模糊数：

(1) $\widetilde{A}$ 是模糊集的集合，且是正规的；

(2) $\widetilde{A}$ 是模糊集的集合，且是凸的；

(3) $\widetilde{A}_{\lambda}$ 是有界闭区间，对于 $\forall\lambda\in[0,1]$。

另外，模糊数 $\widetilde{A}$ 的一般表达式可以记为：

$$\mu_{\widetilde{A}}(x)=\begin{cases}L(x),l\leqslant x\leqslant m\\R(x),m\leqslant x\leqslant r\end{cases} \tag{2-16}$$

式中，$L(x)$ 为右连续的增函数，$R(x)$ 为左连续的减函数，且 $0\leqslant L(x)\leqslant1$，$0\leqslant R(x)\leqslant1$。

模糊集有多种表现形式，如三角模糊数、梯形模糊数等都是模糊集的典型代表，被广泛应用于决策领域中。

定义 2.5　记 $\widetilde{A}=(a,b,c),0\leqslant a\leqslant b\leqslant c$，称 $\widetilde{A}$ 为三角模糊数，则 $\widetilde{A}$ 的隶属函数 $\mu_{\widetilde{A}}:R\to[0,1]$ 表示为：

$$\mu_{\widetilde{A}}=\begin{cases}\dfrac{x-a}{b-a},a\leqslant x\leqslant b\\[2mm]\dfrac{x-c}{b-c},b\leqslant x\leqslant c\\[2mm]0,其他\end{cases} \tag{2-17}$$

定义 2.6 （Dubois 和 Prade，1978）记 $\widetilde{A} = (a,b,c,d),0 \leqslant a \leqslant b \leqslant c \leqslant d$，称 $\widetilde{A}$ 为梯形模糊数，则 $\widetilde{A}$ 的隶属函数 $\mu_{\widetilde{A}}:R \to [0,1]$ 表示为：

$$\mu_{\widetilde{A}} = \begin{cases} \dfrac{x-a}{b-a}, a \leqslant x \leqslant b \\ 1, b \leqslant x \leqslant c \\ \dfrac{x-d}{c-d}, c \leqslant x \leqslant d \\ 0, 其他 \end{cases} \tag{2-18}$$

根据梯形模糊数的定义给出相应的图形，如图 2.3 所示。

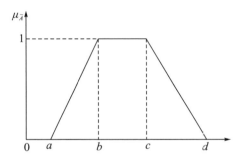

图 2.3 梯形模糊数

为了进行模糊运算，下面给出一些定理。

定理 2.1 设 $\widetilde{A},\widetilde{B}$ 是两个模糊数，$* \in \{+,-,\times,\div,\vee,\wedge\}$，且当 $*$ 是 $\div$ 时，$\widetilde{B}$ 是无零模糊数，则 $\widetilde{A} * \widetilde{B}$ 也是模糊数。

设 $\widetilde{A} = (a_1,a_2,\cdots,a_n),\widetilde{B} = (b_1,b_2,\cdots,b_n)$ 是两个模糊数，则定义模糊数的算术运算为：

（1）n；

（2）$\widetilde{A} - \widetilde{B} = (a_1-b_n,a_2-b_{n-1},\cdots,a_n-b_1)$；

（3）$\widetilde{A} \times \widetilde{B} = (a_1b_1,a_2b_2,\cdots,a_nb_n)$；

（4）$\lambda\widetilde{A} = (\lambda a_1,\lambda a_2,\cdots,\lambda a_n)$；

（5）$\dfrac{\widetilde{A}}{\widetilde{B}} = (\dfrac{a_1}{b_n},\dfrac{a_2}{b_{n-1}},\cdots,\dfrac{a_n}{b_1})$；

(6) $\dfrac{1}{\widetilde{A}} = \left(\dfrac{1}{b_n}, \dfrac{1}{b_{n-1}}, \cdots, \dfrac{1}{b_1} \right)$。

2.3 社交网络

2021 年 2 月 3 日,第 47 次《中国互联网络发展状况统计报告》(以下简称《报告》)由中国互联网络信息中心(China Internet Network Information Center,CNNIC)在北京发布,《报告》显示,截至 2020 年 12 月,我国网民规模达 9.89 亿,已占全球网民的 1/5;互联网普及率达 70.4%,高于全球平均水平。互联网的发展使得现在的人们在网络中参与话题的积极性越来越高,而参与的主体之间的联系构成了社交网络,这些主体可以是组织,也可以是个人。社交网络分析(Social Network Analysis,SNA)是研究一组社会人的关系的研究方法,这一组社会人既可以是单个个体,也可以是一个团体或组织,还可以是一个国家。在群决策中,社交网络分析已经成为其重要的研究工具,其主要作用在于挖掘社会人之间的联系,并从它们的联系中找出决策者之间的联系,以用来确定决策者的重要性。因此,当研究的群决策问题在社会网络这样的背景下,做出决策的决策者之间的社交网络关系及其网络结构都会成为影响群决策结果的重要因素。社交网络群决策(Social Network Group Decision Making,SNGDM)研究不仅对丰富和完善群决策理论和方法体系具有重要的理论意义,而且对解决实际社交网络群决策问题具有重要的现实意义。

在社会科学中,"权力"(power)是一个非常重要的概念,从社交网络的角度来看,独立的社会人没有权力,人之所以有权力,其主要原因是人可以影响他人,并和他人有联系,因此可以用"关系"来对权力进行定量研究。

本节主要用到社交网络中图论的相关内容。社交网络模型本质上是由节点(决策者)和边(信任关系)组成的图,下面简要介绍一些相关的概念。

定义 2.7 (Bondy 和 Murty,1976)图 $G(E,V)$ 可以表示为一个社交网络,其中 $E = \{(v_h, v_k) | v_h, v_k \in V; h \neq k\}$ 表示边的集合,$V = \{v_1, v_2, \cdots, v_n\}$ 表示节点的集合。当我们将图扩展到社交网络时,边表示决策者之间的信任关系,节点表示决策者。当图是有向图时,边是有方向性的,即一个节点 v_h 指向另一个节点 v_k,不代表节点 v_k 也指向 v_h;当图是无向图时,节点之间相互指向。注意,本书所用的社交网络都是有向图。

定义 2.8 (Bondy 和 Murty,1976)社交网络图 $G(E,V)$ 的邻接矩阵可

以用 $A = (a_{hk})_{n \times n}$ 表示，其中

$$a_{hk} = \begin{cases} 1, (v_h, v_k) \in E \\ 0, (v_h, v_k) \notin E \end{cases} \qquad (2-19)$$

从定义 2.8 中可以看出，社交网络中决策者之间的两种联系：完全信任或完全不信任。$a_{hk} = 1$ 意味着决策者 e_h 完全信任决策者 e_k，$a_{hk} = 0$ 意味着决策者 e_h 完全不信任决策者 e_k。一般来说，社交网络包含三个方面（Liu 和 Xu 等，2019）：①用户集；②用户之间的关系集；③用户指标集。表 2-2 不但代表了社交网络中经常出现的三种表现形式，而且代表了决策者之间的两种关系（完全信任或完全不信任）。

表 2-2 社交网络的不同表示形式

图例	社交矩阵	关系
	$A = \begin{bmatrix} 0 & 0 & 1 & 1 & 0 \\ 1 & 0 & 1 & 0 & 0 \\ 0 & 1 & 0 & 1 & 0 \\ 1 & 0 & 0 & 0 & 0 \\ 1 & 0 & 0 & 1 & 0 \end{bmatrix}$	$e_1 R e_3 \quad e_1 R e_4$ $e_2 R e_1 \quad e_2 R e_3$ $e_3 R e_2 \quad e_3 R e_4$ $e_5 R e_1 \quad e_5 R e_4$

（1）图论：社交网络可以表示为有向图。在社交网络中，$e_h \to e_k$ 表示决策者 e_h 信任 e_k。

（2）社交矩阵：社交矩阵 $A = (a_{hk})_{n \times n} (a_{hk} \in \{0,1\})$ 可以表示社交网络中决策者之间的联系，若决策者 e_h 信任 e_k，则 $a_{hk} = 1$。

（3）关系：表示决策者之间的联系，$e_h R e_k$ 表示决策者 e_h 信任 e_k。

在社交网络中，通常会用一些"关系"指标来对社交网络的特征进行量化分析，最典型的指标就是节点的度，代表的含义是与该节点有联系的边的数目。在有向图中，所有指向某节点的边的数量叫作该节点的入度，所有从该节点出发指向别的节点的边的数量叫作该节点的出度。在有向图中，所有节点的入度之和与出度之和相等。度是可以反映节点在整个社交网络中的权利和影响力，如果某个节点在社交网络中与其他节点之间有很强的联系，那么该节点就会有很高的影响力。因此，研究节点的度对于在社交网络中信息的传播有十分重要的意义。

2.4　观点演化

　　早期关于社交网络的研究主要分析社交网络的结构特性，即计量社会学等。20 世纪中叶，Wiener 在控制论方面的开创性工作奠定了社会控制论的基础。社会控制论关注社会系统的自组织、自适应等内在规律，探讨在何种社会机制和社会结构下社会系统可以自发地完成特定的协调和控制行为。社会学和系统科学/控制理论的结合使得社交网络的研究重心由社交网络分析转向复杂社会现象背后内在演化机制的探索。进入 21 世纪，复杂网络和多智能体系的发展为观点动力学提供了丰富的数学模型和分析工具，以多智能体系为基础的观点动力学逐渐受到越来越多的重视。

　　在社会现象中，人是基本要素，人的行为依赖于许多变量。人类行为背后最重要的因素是驱动行为的观点和信念。因此，理解观点演化的过程是解释人类选择的关键。观点演化（Opinion dynamics）也称为观点动力学，描述了一组交互决策者之间形成观点的过程，也就是研究社会系统中个体交互作用以及外界信息影响下个体对特定事物或问题的观点的传播和聚合过程，是涵盖控制理论、社会学、物理学、应用数学、心理学、经济学、管理学和生物学等的多学科交叉领域。其中，个体间的交互主要由社交网络和个体的决策方式决定。不同观点通过个体间的相互影响在群体中传播扩散的同时，根据个体的决策方式发生聚合，导致群体观念的演化。通常情况下，个体的观点在相对简单的局部交互作用下会在宏观层面涌现出复杂的社会现象。

　　从观点动力学的角度出发，学者们更关注的是群体间的意见是否会达成共识，而不是意见的冲突，也就是微观的观点（刘建明等，2009）。在观点动力学中，个体会观察群体中其他个体的意见及其观点的演化情况，并根据其他个体的意见来调整自己的观点，在这样的观点演化过程中，群体最终会达成共识，即由个体观点转化为公众观点（DeGroot，1974）。综上所述，观点演化的过程是一个不断更新和融合的过程，其基本思想是个体根据群体间观点的相似性不断调整自己的观点，使得个体间的观点相互碰撞、交流和影响，最终处于持续演变的状态（Lorenz，2007）。观点演化模型是对动态模型（Dynamical models）的开发和分析，这些模型描述了社交网络中个体与他人交换意见，个体在网络中有可能通过学习邻居的意见导致自己的意见随着时间 t 的推移而改变。许多观点演化模型都是基于主题的模型，是从个体的角度来刻画观点的演变，其中每个个体对一个话题的意见都用一个真实的值表示，该值随时间的变化而变化。而社交网络图形则代表这些个体的交互网络，其中一个节点代表一个人，边则代表两个人之间的意见交互。

一般来说，在观点演化过程中，决策者会考虑其他决策者的观点，在反复的互动过程中决策者会更新、形成或演变自己的观点，这可能导致达成共识、分裂或两极分化（Hegselmann 和 Krause，2002）。观点演化融合过程的框架包括 3 个关键要素：观点表达格式、融合规则和观点动态环境。具体来说，小组中的决策者通过某种表达形式表达最初的意见，然后根据融合规则，决策者的意见被反复更新。最后，所有主体的观点形成一个稳定的结构：达成共识、两极分化或分裂。观点演化中融合过程的框架如图 2.4 所示。

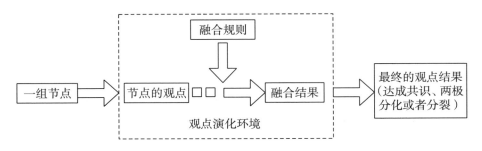

图 2.4　观点演化中融合过程的框架（Dong 等，2018）

观点演化是通过一组决策者的相互作用来研究观点演化过程，其研究起源于 French（1956），后来人们提出了一些具有不同观点格式和融合规则的观点演化模型，如 DeGroot 模型（DeGroot，1974）、Voter 模型（Holley 和 Liggett，1975）、Sznajd 模型（Sznajd－Weron 和 Sznajd，2000）、Friedkin—Johnsen 模型（Friedkin 和 Johnsen，1990）、有界信任模型（Deffuant 等，2000；Hegselmann 和 Krause，2002）。在现有的研究中，根据不同的决策者表现出来的观点形式，观点演化模型可分为两类：连续型观点模型（DeGroot，1974；Hegselmann 和 Krause，2002）和离散型观点模型（Holley 和 Liggett，1975；Sznajd－Weron 和 Sznajd，2000）。在离散型观点模型中，决策者用同意或反对表达他们的观点，通常用数值 0（完全反对）和 1（完全支持）衡量。但是在实际情况中，决策者表达他们的观点可能存在无所谓、有点反对、有点支持等情况，如果用数值衡量就是区间［0，1］中的某一个值，也可以用模糊数表示，因此就需要用连续型观点模型来研究决策者的观点演化情况。由于本书涉及决策者的观点都是连续的，因此下面介绍几种本书要用到的连续型观点演化模型。

2.4.1　DeGroot 模型

DeGroot 模型又称为加权平均模型，是最基本的微观模型。其假设在每个更新时刻，个体观点更新为网络中其所有邻居观点的加权平均，其中权重由个体之间的互相影响刻画。由于受到个体间相互交流及个体内在因素等方面影响，针对相同的人或事物，不同的人持有不同观点，并且有可能随着时间发生改变。因此，传统的舆论研究是假设社会中任意两个个体都有可能发生观点交互，并受对方观点的影响。但是随着移动通信的发展，个体间的交流可以发生在相互信任的个体之间，也可以发生在有共同好友的两个陌生的个体之间。因此在观点演化领域，观点交互的规律就是每个个体都在与其他个体不停地进行交流并更新自己的观点，并且在一定的网络结构下，只要个体间连续不断地进行交流，最终的观点一定会趋于一致。

2.4.2　有界信任模型

有界信任是指只有两个个体间的观点差异在一个给定的阈值范围内，两个个体间是相互信任的。基于这样的信任规则，代表性的模型有两种：Deffuant—Weisbch 模型（Weisbuch 等，2002）和 Hegselmann—Krause 模型。本书中，采用的有界信任模型是 Hegselmann—Krause 模型，其交互规则是，在同一时刻，如果两个个体间观点的差异在给定的阈值范围外，那么它们之间就不会进行观点交流，也就是说不会相互影响；相反，在同一时刻如果两个个体间观点的差异在给定的阈值范围内，那么个体间将会相互交流并影响彼此在下一时刻的观点。

Hegselmann—Krause 模型是带有有界信任个体的 DeGroot 模型。在 Hegselmann—Krause 模型中，网络拓扑由个体的信任边界决定，即个体的网络邻居为与个体观点之差在其信任边界内的个体。Hegselmann—Krause 模型具有有限时间收敛的特性，且其收敛性不受个体信任边界的影响。

2.4.3　Friedkin 和 Johnsen 模型

Friedkin 和 Johnsen 模型简称社会影响力模型，是指个体的观点受到另一个个体或群体在交往时产生的思想、感情、态度或行为等的影响。该模型是带有固执个体的 DeGroot 模型。在 DeGroot 模型的基础上，Friedkin—Johnsen 模型引入了个体对自己初始观点的固执性，即认为个体的观点可以由两部分构成：一部分是坚持自己的观点；另一部分是受其他个体的影响，即个体的观点更新为其所有网络邻居观点的凸组合与其初始观点的加权平均。

第 3 章　基于矩阵相似性的异构群体偏好信息集结方法

群决策的核心问题是如何利用集结算子将多个决策者的偏好信息集结成群体偏好，然后在群体偏好的基础上对方案进行排序选择，其表达形式为 $F(V^1, V^2, \cdots, V^n) = V^G$，其中，$V^n$ 表示决策者 $e_h(h = 1, 2, \cdots, n)$ 的偏好，V^G 是群体偏好，F 是集结函数。但是，随着决策环境的复杂化，在实际决策问题中，由于决策者知识的有限性和决策问题本身的复杂性，决策者对备选方案的评估值往往通过不同的偏好形式表示。针对决策者给出的异构偏好信息，集结异构群体信息帮助决策者选择最合适的方案是现在决策者面临的难题。基于此，本章提出了一种基于矩阵相似性的异构群体偏好信息集结方法。该方法不仅考虑了决策属性间的支撑关系，还降低了计算时的复杂度，为传统群决策的研究提供了思路。

3.1　引言

随着社会的发展，信息量日渐增加，仅仅依靠单一的决策信息进行决策会使得决策过程不能满足最后方案评估的要求。人们在进行决策时，往往需要依靠群体的力量，根据不同决策者的偏好，对被选方案进行综合评价，因此，如何分析群体决策信息越来越受到关注（Herrera 等，2001；徐选华等，2017；Song 和 Li，2019）。

信息集结过程是群决策中的重要流程，也是综合考虑决策者信息的一种有效手段，面对多位决策者的评价信息，需要通过科学合理的信息集结方法对该信息进行集结，合理的集结算子和高效的运算方式能够更加快速和准确地得到群决策的结果，有效地呈现出决策的效果。徐选华等（2014）用模糊偏好关系来表述决策者观点，并提出了基于群体冲突的模糊偏好关系的大群体决策方法。Kou 和 Lin（2014）通过方案间的两两对比，给出了不同方案之间的优先级，构建了两两对比判断矩阵，并基于两两对比判断提出用于优先级向量推导的余弦最大化方法。Li（2015a）提出了一种基于泛化模糊数的决策方法，并用泛化模糊数来表示决策者的偏好，该模糊数能够在参数的变化下反映决策者的不同偏好，从而适应不同的决策环境。李光旭等（2015）考虑了决策中偏好的不确定性，并用模糊数来表示决策者的偏好，然后提出了一种不确定幂加权几何平均算子来集结动态环境下的决策者的模糊偏好信息。Song 和 Li（2019）提出了三种归一化方法，并采用扩展的 TOPSIS 方法对可持续供应商进行了排序和选择。虽然上述方法可以有效地解决决策者的偏好评价问题，但是这些方法都是基于决策者提供的某一种偏好信息的表示形式进行决策，并未考虑不同决策者提出不同偏好信息表示形式的情况。而随着决策环境的复杂化，不同的决策者由于知识、背景和偏好的差异，可能提供不同的偏好信息，为了解决该问题，一些异构群体偏好集结的方法被提出用来处理具有不同偏好关系的信息集结问题。

例如，Herrera－Viedma 等（2002）提出了具有不同偏好结构的多人决策的共识模型，并给出了不同偏好关系间相互转换的计算方法。Ma 等（2006）提出了一种基于四种不同格式的偏好信息（效用值、偏好排序、乘法偏好关系、模糊偏好关系）的多人决策优化方法，目标是整合四种偏好格式并评估备选方案的排序值，最后用一个数值例子来说明提出的方法比传统的方法更加有效。为了避免将异构信息转换为单一形式过程中的信息丢失，同时在信息集结过程中，还能尽可能地保留决策者原来的观点，Li 和 Kou 等（2016）提出了一种基于幂加权平均算子的群体偏好集结方法集结异构的群体偏好信息，这是因为幂加权平均算子作为一个非线性聚合算子，它不仅能反映输入数据之间的关系，而且能度量这些数据之间的相似性。在这些研究中，集结算子为研究群体偏好信息集结提供了新的研究思路。不同的算子在信息集结中也有优缺点。例如，算术平均算子（Harsanyi，1955）、几何平均算子（Aczél 和 Saaty，1983）和有序加权平均算子（Yager，1988）在信息集结时计算简单，但并未考虑决策属性间相互支撑的关系，幂平均算子（Yager，2001）虽然考虑了决策属性间的相互支撑关系，且在信息解决时能够捕获决策者要反映汇总值的精细差别，但在计算过程却比较复杂。因此，为了既考虑决策属性间的相互支撑关系，又减少集结算子在计算时的复杂计算过程，本章提出了一种改进的基于矩阵相似性的幂加权平均算子，其目的是集结决策者的不同偏好信息。

在群体信息集结过程中，决策者提供的评估信息可以通过各种偏好格式表示。为了集结各种偏好信息，本章基于 Herrera－Viedma 等（2002）给出的不同偏好关系间相互转换的计算公式，把不同形式的偏好信息转为模糊偏好关系矩阵，然后基于提出的改进幂加权平均算子，构建了一种新的群体偏好信息集结方法，并使用基于互补判断矩阵的排序方法来选择最佳决策方案。为了说明本章提出方法的优势，在理论上与幂算子进行了对比分析，结果显示本章提出的方法在计算复杂度上比较简单。最后利用两个算例分析说明提出方法的有效性。

基于上述对异质偏好和信息集结方法的分析，本章的内容安排如下：3.2节给出了本章用到的几种不同类型的偏好信息、常见的信息集结算子以及把不同偏好信息转换成模糊偏好关系的变换函数；3.3 节给出了提出的改进的幂加权平均算子；3.4 节给出了群体信息集结方法，3.5 节基于本章提出的方法通过两个数值算例来说明提出方法的有效性和优越性；3.6 节是不同方法间的对比分析。

3.2　相关定义和性质

3.2.1　偏好信息表达

在本节中，我们回顾了偏好信息的一些基本描述以及幂算子运算的相关定义。假设 $X = \{x_1, x_2, \cdots, x_n\}, n \geqslant 2$ 是评估方案的集合，$E = \{e_1, e_2, \cdots, e_m\}$，$m \geqslant 2$ 表示有限个决策者的集合，对于每个决策者，他或她的态度、动机、想法和知识水平都是不同的，因此不同的决策者将提供不同的偏好信息。在群决策中，决策者对备选方案的评价可以由多种形式：模糊数、效用值、精确数、偏好序、偏好关系等。决策者对评估方案的偏好可以用以下 4 种方式表示（Saaty，1980；Herrera 等，2001；Chiclana 等，2001；Ma 等，2006）。

（1）效用值：决策者将他或她的偏好用效用值提供，$U^k = \{u_i^k, i = 1, 2, \cdots, n\}, u_i^k \in [0,1]$。其中，$u_i^k$ 代表第 k 个决策者对第 i 个评估方案 x_i 给出的效用评估值。

（2）偏好排序：决策者将他或她的偏好用偏好排序来表示，$O^k = \{o^k(1), o^k(2), \cdots, o^k(n)\}$。其中，$o^k(\bullet)$ 是第 k 个决策者索引集的排列函数，评估方案从最好到最差排序，没有任何其他附加信息。

（3）乘性偏好关系：决策者用偏好矩阵来表示偏好信息之间的好坏程度，即为：$A^k = [a_{ij}^k] \in X \times X$，且满足 $a_{ij}^k \cdot a_{ji}^k = 1$。其中，$a_{ij}^k$ 代表第 k 个决策者对第 i 个方案 x_i 和第 j 个方案 x_j 进行两两比较得到的重要性程度的值。Saaty

（1980）建议用 1~9 标度来表示 a_{ij}^k。其中，$a_{ij}^k = 1$ 代表两个偏好信息 x_i 和 x_j 之间没有任何差别，$a_{ij}^k = 9$ 代表偏好信息 x_i 绝对优于 x_j，$a_{ij}^k \in 2,3,\cdots,8$ 表示偏好信息之间的其他评估值。

（4）模糊偏好关系：$u_{pk}(x_i,x_j) = p_{ij}^k$ 用来表示第 k 个决策者对第 i 个方案 x_i 和第 j 个方案 x_j 给出的偏好强度，且满足 $p_{ij}^k + p_{ji}^k = 1$。其中，$p_{ij}^k = 1/2$ 代表两个偏好信息 x_i 和 x_j 之间没有任何差别，$p_{ij}^k > 1/2$ 代表偏好信息 x_i 优于 x_j。

基于上述不同类型的偏好信息，Ma 等（2006）提出了一种解决决策问题的新方法，其中决策者提供的替代方案的偏好信息可以用 4 种不同的形式表示，即效用值、偏好排序、乘法偏好关系、模糊偏好关系。为了构建优化模型以整合 4 种偏好形式并评估备选方案的排名值。Ma 等通过一系列定理证明该模型在理论上是合理和完整的，然后开发了相应的算法，最后给出在决策问题中的应用。但是如果计算不同类型的偏好信息，复杂度较高，为了减少计算过程的复杂性，一些学者提出统一偏好信息的研究思路。因此，本节介绍一些变化函数，目的是把不同形式的偏好信息统一，例如把效用函数、偏好序、乘性偏好关系等转换为模糊偏好关系（Tanino，1984；Chiclana 等，2001），具体如下：

将效用函数转换为模糊偏好关系的变换函数。

$$p_{ij}^k = f^1(u_i^k, u_j^k) = \begin{cases} \dfrac{u_i^k}{u_i^k + u_j^k}, & \text{if}(u_i^k, u_j^k) \neq (0,0) \\ 0.5, & \text{if}(u_i^k, u_j^k) = (0,0) \end{cases} \tag{3-1}$$

将偏好序转换为模糊偏好关系的变换函数：

$$p_{ij}^k = f^2(o_i^k, o_j^k) = \frac{1}{2} + \frac{o_j^k - o_i^k}{2n - 2} \tag{3-2}$$

将乘性偏好关系转换为模糊偏好关系的变换函数：

$$p_{ij}^k = f^3(a_{ij}^k) = \frac{1}{2}(1 + \log_9 a_{ij}^k) \tag{3-3}$$

基于上述变换函数，变换后的模糊偏好关系矩阵可以表示为：$\boldsymbol{pA} = (p_{ij}^k)_{n \times n}$。其中 $p_{ij}^k + p_{ji}^k = 1$ 且 $p_{ii}^k = 1/2$。这些变换函数不但为企业管理中的决策问题提供了理论基础，而且也为快速、准确地分析群体偏好信息提供了转换方式。

当把不同形式的偏好信息都转换为同一类型的偏好信息以后，在不考虑决策者的观点是否引起冲突的情况下，可以对偏好信息进行信息集结做出决策。

3.2.2　集结算子

群决策在经济发展、管理科学中应用非常广泛，群决策中的一个重要问题是选择合适的集结算子来集结决策者给出的评估信息。常用的集结算子有算术加权平均算子（WAA）（Harsanyi 和 Welfare，1955）、几何加权平均算子（WGA）（Aczél 和 Saaty，1983）、有序加权平均算子（Ordered Weighted Averaging，OWA）（Yager，1988）等。下面重点介绍本章用到的 OWA 算子。

OWA 算子是由美国著名学者 Yager 教授提出的，它的主要特征是计算过程与信息向量的大小有关。首先需要按照从大到小的顺序对信息向量 $(x_1, x_2, \cdots, x_n)$ 进行排序，然后结合加权向量 $\boldsymbol{\omega}$，p 按照这种顺序对信息向量进行信息集结：

定义 3.1　（Yager，1988）OWA 算子的具体形式如下：

$$OWA_\omega(x_1, x_2, \cdots, x_n) = \sum_{j=1}^{n} \omega_j y_j \tag{3-4}$$

式中，$\boldsymbol{\omega} = \{\omega_1, \omega_2, \cdots, \omega_n\}^T$ 是与 OWA 相关联的一组加权向量，且 $\omega_i > 0$，$\sum_{i=1}^{n} \omega_i = 1$，$i \in \mathbf{N}$，$y_j$ 是信息向量 $(x_1, x_2, \cdots, x_n)$ 中第 j 大的属性向量。当加权向量的第一个分量为 1，其他分量为 0 时，此时 OWA 算子就是最大化算子，因为只与最大的信息向量有关。当加权向量的最后一个分量为 0，其他分量为 1 时，此时 OWA 算子就是最小化算子，因为只与最小的信息向量有关。

在信息集结的过程中，OWA 算子中的权重向量 $\boldsymbol{\omega}$ 与信息集结过程中的属性的位置相关，而与集结属性本身没有关系。OWA 算子具有以下一些性质。

（1）单调性：假设两个信息向量分别为 $(\alpha_1, \alpha_2, \cdots, \alpha_n)$ 和 $(\beta_1, \beta_2, \cdots, \beta_n)$，并且对于 $\forall i \in \mathbf{N}$，如果 $\alpha_i \leqslant \beta_i$，则以下关系成立：

$$OWA_\omega(\alpha_1, \alpha_2, \cdots, \alpha_n) \leqslant OWA_\omega(\beta_1, \beta_2, \cdots, \beta_n) \tag{3-5}$$

（2）幂等性：假设任意信息向量为 $(\alpha_1, \alpha_2, \cdots, \alpha_n)$，对于 $\forall i \in \mathbf{N}$，如果 $\alpha_i = \alpha$，则以下关系成立：

$$OWA_\omega(\alpha_1, \alpha_2, \cdots, \alpha_n) = \alpha \tag{3-6}$$

（3）有界性：假设任意信息向量为 $(\alpha_1, \alpha_2, \cdots, \alpha_n)$，同时假设 $A =$

$\max(\alpha_1, \alpha_2, \cdots, \alpha_n)$，$a = \min(\alpha_1, \alpha_2, \cdots, \alpha_n)$，对于 OWA 算子则有：

$$a \leqslant OWA_\omega(\alpha_1, \alpha_2, \cdots, \alpha_n) \leqslant A \tag{3-7}$$

（4）置换不变性：假设信息向量 $(\beta_1, \beta_2, \cdots, \beta_n)$ 是信息向量 $(\alpha_1, \alpha_2, \cdots, \alpha_n)$ 的任意置换，则有以下关系成立：

$$OWA_\omega(\beta_1, \beta_2, \cdots, \beta_n) = OWA_\omega(\alpha_1, \alpha_2, \cdots, \alpha_n) \tag{3-8}$$

由上述性质可以看出，OWA 算子以数据信息为基础，通过对信息的加权平均，将信息集结过程中的数据按照顺序进行排序，然后通过加权方式对数据信息进行综合集成。但是，在信息集结过程中，并未突出数据自身的重要性，且对集成时的集成权重并没有进行考虑。为了在信息集结过程中更能体现数据的重要性，并充分保留决策者的偏好信息，Yager 教授于 2001 年提出了一种幂平均算子（Power Average，PA），这种算子不仅考虑了输入数据之间的相互关系，还能在信息集结时反映不同的数据之间相互的支撑程度对不同属性的权重系数的影响。该算子通过度量这些数据的相似性，还能捕获决策者在信息集结过程中要反映汇总值的细微差别，尽可能地保留决策者的原始偏好信息，使得信息集结过程完全客观化。

定义 3.2 （Yager，2001）假设 $a_1, a_2, \cdots, a_n$ 是一组参数，则幂算子（PA）定义如下：

$$PA(a_1, a_2, \cdots, a_n) = \sum_{i=1}^{n}(1 + T(a_i))a_i \Big/ \sum_{i=1}^{n}(1 + T(a_i)) \tag{3-9}$$

其中：

$$T(a_i) = \sum_n Sup(a_i, a_j) \tag{3-10}$$

$Sup(a_i, a_j)$ 是 a_i 和 a_j 之间的支集，可以表示属性之间的相似性，且属性之间相似程度越高，彼此就越相互支撑。同时 $Sup(a_i, a_j)$ 满足如下性质：① $Sup(a_i, a_j) \in [0, 1]$；② $Sup(a_i, a_j) = Sup(a_j, a_i)$；③如果 $|a_i - a_j| \leqslant |x - y|$，则 $Sup(a_i, a_j) \geqslant Sup(x, y)$。

幂平均算子（PA）还可以表示为其他的形式，例如，$PA(a_1, a_2, \cdots, a_n) = \sum_{i=1}^{n} w_i a_i$，其中 $w_i = (1 + T(a_i)) \Big/ \sum_{i=1}^{n}(1 + T(a_i))$ 是 $a_1, a_2, \cdots, a_n$ 的一种加权算数平均，权重 w_i 是由支持函数决定的。幂平均算子具有如下性质。

（1）有界性：假设任意信息向量 $(\alpha_1, \alpha_2, \cdots, \alpha_n)$，令 $A = \max(\alpha_1, \alpha_2, \cdots,$

α_n），$a = \min(\alpha_1, \alpha_2, \cdots, \alpha_n)$，则有以下关系成立：

$$a \leqslant PA(\alpha_1, \alpha_2, \cdots, \alpha_n) \leqslant A \qquad (3-11)$$

（2）幂等性：假设任意信息向量（$\alpha_1, \alpha_2, \cdots, \alpha_n$），并且对于 $\forall i \in \mathbf{N}$，如果 $\alpha_i = \alpha$，则有以下关系成立：

$$PA(\alpha_1, \alpha_2, \cdots, \alpha_n) = \alpha \qquad (3-12)$$

（3）一般性：假设对于 $\forall i \neq j$，如果 $Sup(\alpha_i, \alpha_j) = k$，则有以下关系成立：

$$PA(\alpha_1, \alpha_2, \cdots, \alpha_n) = \frac{\displaystyle\sum_{i=1}^{n} \alpha_i}{n} \qquad (3-13)$$

（4）置换不变性：设信息向量（$\beta_1, \beta_2, \cdots, \beta_n$）是信息向量（$\alpha_1, \alpha_2, \cdots, \alpha_n$）的任意置换，则有以下关系成立：

$$PA(\beta_1, \beta_2, \cdots, \beta_n) = PA(\alpha_1, \alpha_2, \cdots, \alpha_n) \qquad (3-14)$$

有上述性质可知，幂平均算子（PA）对于集结函数来说并不是单调的，其原因是该算子考虑了数据之间的相互联系，利用数据的大小来确定权重，而特别大和特别小的数据的权重会变小。也就是说，当数据增大时，集结结果并非一定增加。

3.3　改进的幂加权平均算子

下面主要介绍关于矩阵的标量积和矩阵相似性的若干定义（Blumenthal，1953）。

定义 3.3　假设 X 是一个线性空间，$\forall \alpha, \beta, \gamma \in X$，$X$ 称为一个内积空间，且满足：① $(\alpha, \alpha) \geqslant 0$，当且仅当 $\alpha = 0$ 等号成立；② $(\alpha, \beta) = (\beta, \alpha)$；③ $\forall k \in \mathbf{R}$，$(k\alpha, \beta) = k(\alpha, \beta)$，$(\alpha + \beta, \gamma) = (\alpha, \gamma) + (\beta, \gamma)$。

定义 3.4　假设 $\mathbf{A} = (a_{ik})_{m \times n}$ 是一个 $m \times n$ 的矩阵，则 $\mathbf{A}$ 的 Frobenius 范数定义如下：

$$\| \mathbf{A} \|_F = (\mathbf{A}, \mathbf{A})^{\frac{1}{2}} \qquad (3-15)$$

基于内积空间的概念，则矩阵的标量积定义如下：

定义 3.5　假设 C_{mn} 是 $m \times n$ 的矩阵的集合，$\mathbf{A} = (a_{ik})_{m \times n}$，$\mathbf{B} = (b_{kj})_{m \times n}$，

且 $A,B \in C_{mn}$，则矩阵的标量积定义如下：

$$(A,B) = \sum_{i=1}^{m} \sum_{j=1}^{n} a_{ij}b_{ij} \tag{3-16}$$

基于幂平均算子（PA），本章提出一种改进的基于矩阵相似性的幂加权平均算子。一些相关定义和性质如下：

定义 3.6 假设 A 和 B 是两个 $m \times n$ 矩阵，则 A 和 B 之间的矩阵相似性 $r(AB)$ 定义为：

$$r(AB) = \frac{(A,B)}{\parallel A \parallel_F \cdot \parallel B \parallel_F} \tag{3-17}$$

式中，$\parallel \cdot \parallel_F$ 是矩阵的 Frobenius 范数，(A,B) 是矩阵 A 和 B 的标量积。

根据定义 3.6 可知，矩阵相似性 $r(AB)$ 满足：①有界性，即 $r(AB) \in [0,1]$；②可交换性，即 $r(AB) = r(BA)$。

基于上述定义以及幂平均算子，改进的基于矩阵相似性的幂加权平均算子定义如下。

定义 3.7 假设 $A_1,A_2,\cdots,A_n$ 是决策者给出的偏好信息，$\omega = \{\omega_1,\omega_2,\cdots,\omega_n\}$ 表示每个决策者的权重，且 $\sum_{i=1}^{n}\omega_i = 1$，$\omega_i > 0,\forall i = 1,2,\cdots,n$，函数 $IWPA:R^n \to R$，则改进的幂加权平均算子（Improved Weighted Power Averaging，IWPA）定义为：

$$IWPA(A_1,A_2,\cdots,A_n) = \sum_{i=1}^{n}(1+R(A_i))A_i\omega_i \bigg/ \sum_{i=1}^{n}(1+R(A_i))\omega_i \tag{3-18}$$

式中，$R(A_i) = \sum_{n} r(A_i,A_j)$ 是矩阵之间的相似性。

基于定义 3.7，改进的幂加权平均算子具有以下性质：

（1）交换性。假设 $\{C_1,C_2,\cdots,C_n\}$ 是 $\{A_1,A_2,\cdots,A_n\}$ 的任意排列，且 $\omega_i = \omega_j(i \neq j)$，则有：$IWPA(A_1,A_2,\cdots,A_n) = IWPA(C_1,C_2,\cdots,C_n)$。

（2）幂等性。如果 $A_i = A_j = A(i \neq j)$，则有：$IWPA(A_1,A_2,\cdots,A_n) = A$。

（3）有界性。假设 $A = \{A_1,A_2,\cdots,A_n\}$ 是偏好信息的集合，则有：$\min(A_1,A_2,\cdots,A_n) \leqslant IWPA(A_1,A_2,\cdots,A_n) \leqslant \max(A_1,A_2,\cdots,A_n)$。

（4）一般性。$\forall i \neq j$，如果 $r(A_i,A_j) = k$，则有：$IWPA(A_1,A_2,\cdots,A_n)$

$$= \sum_{i=1}^{n} A_i \omega_i \Big/ \sum_{i=1}^{n} \omega_i。$$

为了更好地说明改进的幂加权平均算子的性质，我们给出上述 4 个性质的证明。

证明 1：交换性。假设 $\{C_1, C_2, \cdots, C_n\}$ 是 $\{A_1, A_2, \cdots, A_n\}$ 的任意排列，且 $\omega_i = \omega_j (i \neq j)$，$\tau: \{1, 2, \cdots, n\} \rightarrow \{1, 2, \cdots, n\}$ 是一个排列函数，则有：

$$\sum_{j=1}^{n} R(A_j) = \sum_{j=1}^{n} R(A_{\tau(j)}), C_i = A_{\tau(i)}, i = 1, 2, \cdots, n \quad (3-19)$$

$$R(C_i) = \sum_{n} r(C_i, C_j) = \sum_{n} r(A_{\tau(i)}, A_{\tau(j)}) = R(A_{\tau(i)}) \quad (3-20)$$

基于式（3-18）~式（3-20），可得：

$$
\begin{aligned}
IWPA(C_1, C_2, \cdots, C_n) &= \sum_{i=1}^{n} (1 + R(C_i)) C_i \omega_i \Big/ \sum_{i=1}^{n} (1 + R(C_i)) \omega_i \\
&= \sum_{i=1}^{n} (1 + R(A_{\tau(i)})) A_{\tau(i)} \Big/ \sum_{i=1}^{n} (1 + R(A_{\tau(i)})) \\
&= \sum_{i=1}^{n} (1 + R(A_i)) A_i \Big/ \sum_{i=1}^{n} (1 + R(A_i)) \\
&= \sum_{i=1}^{n} (1 + R(A_i)) A_i \omega_i \Big/ \sum_{i=1}^{n} (1 + R(A_i)) \omega_i \\
&= IWPA(A_1, A_2, \cdots, A_n) \quad (3-21)
\end{aligned}
$$

因此，性质 1 交换性得证。

证明 2：幂等性。如果 $A_i = A_j = A (i \neq j)$，由定义 3.5 可知 $r(A_i A_j) = 1$，且有 $R(A_i) = \sum_{n} r(A_i, A_j) = n - 1$，因此我们得到：

$$IWPA(A_1, A_2, \cdots, A_n) = \sum_{i=1}^{n} n A \omega_i \Big/ \sum_{i=1}^{n} n \omega_i = \sum_{i=1}^{n} A \omega_i \Big/ \sum_{i=1}^{n} \omega_i = A$$

$$(3-22)$$

因此，性质 2 幂等性得证。

证明 3：有界性。因为 $\min(A_1, A_2, \cdots, A_n) \leqslant A_i \leqslant \max(A_1, A_2, \cdots, A_n)$，则有：

$$\min(A_1, A_2, \cdots, A_n) \sum_{i=1}^{n} (1 + R(A_i)) \omega_i \leqslant \sum_{i=1}^{n} (1 + R(A_i)) A_i \omega_i \leqslant$$

$$\max(A_1, A_2, \cdots, A_n) \sum_{i=1}^{n} (1 + R(A_i)) \omega_i$$

即：$\min(A_1, A_2, \cdots, A_n) \leqslant IWPA(A_1, A_2, \cdots, A_n) \leqslant \max(A_1, A_2, \cdots,$

$$A_n) \tag{3-23}$$

因此，性质 3 有界性得证。

证明 4：一般性。$\forall i \neq j$，如果 $r(A_i, A_j) = k$，则有：

$$R(A_i) = \sum_n r(A_i, A_j) = (n-1)k \tag{3-24}$$

把上式代入式（3-18）可得：

$$IWPA(A_1, A_2, \cdots, A_n) = \sum_{i=1}^{n} k A_i \omega_i \Big/ \sum_{i=1}^{n} k \omega_i = \sum_{i=1}^{n} A_i \omega_i \Big/ \sum_{i=1}^{n} \omega_i$$

$$\tag{3-25}$$

因此，性质 4 一般性得证。这也意味着当所有矩阵之间相似性都相同时，改进的幂加权平均算子简化为加权算术平均算子。

为了更好地说明本章提出的改进的幂加权平均算子，本书给出与幂平均算子（PA）的对比分析。根据算法的复杂性，可以区分不同算子的计算次数。其中，幂算子可以通过一个支集允许参数值在信息集结过程中相互支持，Xu 和 Yager（2009）给出了支集的计算方式，如下：

$$Sup(a_{ij}^{(k)}, a_{ij}^{(l)}) = 1 - \frac{\left| a_{ij}^{(k)} - a_{ij}^{(l)} \right|}{\sum\limits_{\substack{l=1 \\ l \neq k}}^{m} \left| a_{ij}^{(k)} - a_{ij}^{(l)} \right|} \tag{3-26}$$

假设 $A = (a_{ij})_{n \times n}$ 表示偏好关系矩阵，决策者的个数为 m，根据式（3-26），我们得到支集 $Sup(a_{ij}^{(k)}, a_{ij}^{(l)})$ 需要计算的次数为：$N_1 = m(m-1)n^2$。在本章提出的改进幂加权平均算子中，我们引入了矩阵相似度，并用其表示决策属性间的相互支撑关系，基于矩阵相似性的计算公式（3-17）以及改进幂加权平均算子公式（3-18），我们得到提出算子信息集结的计算次数为：$N_2 = m(m-1)$。

虽然两种算子都考虑了决策属性间的相互支撑关系，且在信息解决时能够捕获决策者要反映汇总值的精细差别，但幂平均算子在计算过程中却比较复杂，而本章提出的改进幂加权平均算子能够减少计算过程的复杂性。

3.4 群体信息集结

前面已经提过，在不考虑决策者的观点是否引起冲突的情况下，可以对偏好信息进行信息集结做出决策。因此基于 3.2 部分提出的改进幂加权平均算子，对不同的异构偏好信息进行集结，集结过程包括 3 个步骤：①异构信息转换为统一的模糊偏好关系；②基于改进幂加权平均算子对模糊偏好关系进行集结；③基于互补判断矩阵方法对不同的方案进行排序并选择最佳评估方案。具体信息集结过程如图 3.1 所示。

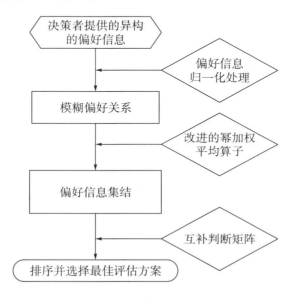

图 3.1　信息集结过程

3.4.1　统一偏好信息

假设 $X = \{x_1, x_2, \cdots, x_n\}, n \geqslant 2$ 是评估方案的集合，$E = \{e_1, e_2, \cdots, e_m\}$，$m \geqslant 2$ 表示有限个决策者的集合。为了使偏好信息能够快速地集结，需要先把不同的偏好信息按照某种规则进行统一，因此，本章引入不同偏好信息之间相互转换的变换函数（Tanino，1984；Chiclana 等，2001），并根据偏好信息的自身性质，在尽可能大地保留原始偏好的情况下，把效用函数、偏好序、乘性偏好关系这 3 种偏好信息转换成为模糊偏好关系，以便基于模糊偏好关系进行综合评价。

3.4.2　偏好信息集结与排序

在统一偏好信息后，可以得到一组模糊偏好关系 $\{P^1, P^2, \cdots, P^n\}$，然后基于改进的矩阵相似性的幂加权平均算子公式（3-18）来对模糊偏好关系进行集结。在集结之后，集结结果仍然是模糊偏好关系矩阵，而且满足 $p_{ij}^k + p_{ji}^k = 1$ 且 $p_{ii}^k = 1/2$，其中，p_{ij}^k 是模糊偏好矩阵中的元素。

定义 3.8　（Orlovsky，1978）假设 $A = (x_{ij})_{n \times n}$ 是一个 $n \times n$ 矩阵，如果 $x_{ij} + x_{ji} = 1$，则矩阵 A 称为互补判断矩阵。

由定义 3.8 可知，集结后的模糊偏好关系矩阵是互补判断矩阵，因此，为了对集结的结果进行排序，本章给出一种基于互补判断矩阵的排序方法（徐泽水，2001）。

假设 $A = (x_{ij})_{n \times n}$ 是一个由不同决策者提供的模糊偏好信息组成的 $n \times n$ 互补判断矩阵，则有：

$$v_i = \frac{1}{n(n-1)}\left(\sum_{j=1}^{n} p_{ij} + \frac{n}{2} - 1\right) \tag{3-27}$$

然后，根据 v_i 的大小可以对不同的备选方案进行排序，并选择最佳备选方案。

3.5　异构群体偏好信息集结

在本节中，为了说明本章提出的基于矩阵相似性的异构群体偏好信息集结方法的有效性和可行性，本节通过两个数值算例进行了验证，具体如下：

例 3.1　（Herrera-Viedma 等，2002）调查发现，在学生的学习过程，学生的一些特征会影响其在课堂上的学习质量。基于文献（Herrera-Viedma 等，2002），给出 6 种影响学生学习质量的原因（C_1：不稳定的家庭环境；C_2：对学科缺乏兴趣或对学校普遍不感兴趣；C_3：学生心理或情绪不稳定；C_4：缺乏自尊心；C_5：不喜欢某位老师；C_6：使用药物）。为了更加深入地了解学生，找出哪种原因对学习的影响最为严重，找到了 4 位老师（e_1, e_2, e_3, e_4）进行咨询，每位老师根据自己对学生的了解，以及自身的教学经验，分别用不同的偏好形式对 6 种影响学生学习质量的原因表达了自己的观点，分别如下：

$e_1 : \boldsymbol{U}^1 = \{0.3, 0.9, 0.4, 0.2, 0.7, 0.5\}$；　　$e_2 : \boldsymbol{O}^2 = \{2, 1, 3, 6, 4, 5\}$；

$$e_3: \mathbf{A}^3 = \begin{bmatrix} 1 & 1/5 & 1/4 & 1/2 & 3 & 1/6 \\ 5 & 1 & 2 & 4 & 6 & 1/3 \\ 4 & 1/2 & 1 & 3 & 5 & 4 \\ 2 & 1/4 & 1/3 & 1 & 3 & 6 \\ 1/3 & 1/6 & 1/5 & 1/3 & 1 & 8 \\ 6 & 3 & 1/4 & 1/6 & 1/8 & 1 \end{bmatrix}$$

$$e_4: \mathbf{P}^4 = \begin{bmatrix} 0.5 & 0.55 & 0.45 & 0.25 & 0.7 & 0.3 \\ 0.45 & 0.5 & 0.7 & 0.85 & 0.4 & 0.8 \\ 0.55 & 0.3 & 0.5 & 0.65 & 0.7 & 0.6 \\ 0.75 & 0.15 & 0.35 & 0.5 & 0.95 & 0.6 \\ 0.3 & 0.6 & 0.3 & 0.05 & 0.5 & 0.85 \\ 0.7 & 0.2 & 0.4 & 0.4 & 0.15 & 0.5 \end{bmatrix}$$

基于上述背景，为了更好更准确地了解相关因素，在进行信息评估时要充分地考虑决策信息。根据本章提出的异构群体偏好信息集结方法，给出具体的评估步骤：

第一步：为了能够快地速集结老师给出的偏好信息，需要按照不同的转换规则把不同的偏好信息进行统一。因此，根据转换函数对不同的偏好信息进行统一转换可得：

$$\mathbf{P}^1 = \begin{bmatrix} 0.5 & 0.250 & 0.429 & 0.600 & 0.300 & 0.375 \\ 0.750 & 0.5 & 0.692 & 0.818 & 0.563 & 0.643 \\ 0.571 & 0.308 & 0.5 & 0.667 & 0.364 & 0.444 \\ 0.400 & 0.182 & 0.333 & 0.5 & 0.222 & 0.286 \\ 0.700 & 0.437 & 0.636 & 0.778 & 0.5 & 0.583 \\ 0.625 & 0.357 & 0.556 & 0.714 & 0.417 & 0.5 \end{bmatrix}$$

$$\mathbf{P}^2 = \begin{bmatrix} 0.5 & 0.400 & 0.600 & 0.900 & 0.700 & 0.800 \\ 0.600 & 0.5 & 0.700 & 1.000 & 0.800 & 0.900 \\ 0.400 & 0.300 & 0.5 & 0.800 & 0.600 & 0.700 \\ 0.100 & 0.000 & 0.200 & 0.5 & 0.300 & 0.400 \\ 0.300 & 0.200 & 0.400 & 0.700 & 0.5 & 0.600 \\ 0.200 & 0.100 & 0.300 & 0.600 & 0.400 & 0.5 \end{bmatrix}$$

$$\boldsymbol{P}^3 = \begin{bmatrix} 0.5 & 0.134 & 0.185 & 0.342 & 0.750 & 0.092 \\ 0.866 & 0.5 & 0.658 & 0.815 & 0.908 & 0.250 \\ 0.815 & 0.342 & 0.5 & 0.750 & 0.866 & 0.815 \\ 0.658 & 0.185 & 0.250 & 0.5 & 0.750 & 0.908 \\ 0.250 & 0.092 & 0.134 & 0.250 & 0.5 & 0.973 \\ 0.908 & 0.750 & 0.185 & 0.092 & 0.027 & 0.5 \end{bmatrix}$$

第二步：信息集结过程，利用改进的幂加权平均算子集结信息。

首先根据式（3−15）计算每个模糊偏好矩阵的 Frobenius 范数，可得：

$$\| \boldsymbol{P}^1 \|_F = 3.154, \ \| \boldsymbol{P}^2 \|_F = 3.332, \ \| \boldsymbol{P}^3 \|_F = 3.490, \ \| \boldsymbol{P}^4 \|_F = 3.261$$

根据式（3−16）计算每个模糊偏好矩阵之间的标量积，可得：

$$(\boldsymbol{P}^1, \boldsymbol{P}^2) = 9.729, \ (\boldsymbol{P}^1, \boldsymbol{P}^3) = 9.153, \ (\boldsymbol{P}^1, \boldsymbol{P}^4) = 9.025,$$

$$(\boldsymbol{P}^2, \boldsymbol{P}^3) = 9.425, \ (\boldsymbol{P}^2, \boldsymbol{P}^4) = 9.390, \ (\boldsymbol{P}^3, \boldsymbol{P}^4) = 10.312$$

基于上述结果，根据式（3−17）计算模糊偏好矩阵之间的矩阵相似性，可得：

$$r(\boldsymbol{P}^1, \boldsymbol{P}^2) = 0.926, \ r(\boldsymbol{P}^1, \boldsymbol{P}^3) = 0.83, \ r(\boldsymbol{P}^1, \boldsymbol{P}^4) = 0.877,$$

$$r(\boldsymbol{P}^2, \boldsymbol{P}^3) = 0.811, \ r(\boldsymbol{P}^2, \boldsymbol{P}^4) = 0.864, \ r(\boldsymbol{P}^3, \boldsymbol{P}^4) = 0.906$$

为了简化计算，我们假设已知决策者的权重 $\boldsymbol{\omega} = \{0.2, 0.3, 0.2, 0.3\}^\mathrm{T}$，根据改进的幂加权平均算子公式（3−18），得到集结后的模糊偏好矩阵为：

$$IWPA(\boldsymbol{P}^1, \boldsymbol{P}^2, \boldsymbol{P}^3, \boldsymbol{P}^4) = \begin{bmatrix} 0.5 & 0.363 & 0.438 & 0.533 & 0.629 & 0.424 \\ 0.637 & 0.5 & 0.690 & 0.882 & 0.652 & 0.690 \\ 0.562 & 0.310 & 0.5 & 0.718 & 0.635 & 0.641 \\ 0.467 & 0.118 & 0.282 & 0.5 & 0.570 & 0.537 \\ 0.371 & 0.348 & 0.365 & 0.430 & 0.5 & 0.746 \\ 0.576 & 0.310 & 0.359 & 0.463 & 0.254 & 0.5 \end{bmatrix}$$

第三步：计算排序向量并选择最佳评估方案。

根据式（3−30），计算排序向量可得：

$$\boldsymbol{v} = \{0.1629, 0.2017, 0.1788, 0.1492, 0.1587, 0.1487\}^\mathrm{T}$$

因此，各备选方案的排序为：$C_2 > C_3 > C_1 > C_5 > C_4 > C_6$。由此可见，影响学生学习质量的最重要的原因是 C_2：对学科缺乏兴趣或对学校普遍不感兴趣。实际上，兴趣是学习的最好老师，因此，如果对学科缺乏兴趣或对学校普遍不感兴趣，那么学生的学习热情就会下降，从而导致学习质量降低。该排序结果与文献（Herrera－Viedma 等，2002）一致，说明了本章提出方法的有效性和可行性。

例 3.2　（Wang 和 Parkan，2008）4 名大学生为了安装网络，他们考虑了 4 种不同网速的网络，分别是 C_1（1 Mbps 宽带），C_2（2 Mbps 宽带），C_3（3 Mbps宽带），C_4（8 Mbps 宽带）。由于不同网速的宽带各有利弊，因此，4位大学生根据自己的偏好对不同网速的宽带给出了评估信息，在此过程中，假设 4 位学生的权重向量为：$\boldsymbol{\omega} = \{0.3, 0.3, 0.2, 0.2\}^{\mathrm{T}}$，且每个人都是匿名和独立地给出他们对选项的乘性偏好关系，具体如下：

$$\boldsymbol{A}^1 = \begin{bmatrix} 1 & 1/4 & 1/3 & 1/4 \\ 4 & 1 & 1/2 & 1/3 \\ 3 & 2 & 1 & 1/2 \\ 4 & 3 & 2 & 1 \end{bmatrix}, \boldsymbol{A}^2 = \begin{bmatrix} 1 & 1/3 & 1/4 & 1/2 \\ 3 & 1 & 1/3 & 1/3 \\ 4 & 3 & 1 & 2 \\ 2 & 3 & 1/2 & 1 \end{bmatrix}$$

$$\boldsymbol{A}^3 = \begin{bmatrix} 1 & 2 & 1/2 & 2 \\ 1/2 & 1 & 1/4 & 1/3 \\ 2 & 4 & 1 & 1 \\ 1/2 & 3 & 1 & 1 \end{bmatrix}, \boldsymbol{A}^4 = \begin{bmatrix} 1 & 1 & 1/2 & 1/3 \\ 1 & 1 & 1/3 & 1/3 \\ 2 & 3 & 1 & 1/2 \\ 3 & 3 & 2 & 1 \end{bmatrix}$$

基于上述背景，根据本章提出的方法，给出评估步骤：

第一步：根据转换函数（3－29）对不同的偏好信息进行统一转换可得：

$$\boldsymbol{P}^1 = \begin{bmatrix} 0.5 & 0.185 & 0.250 & 0.185 \\ 0.815 & 0.5 & 0.342 & 0.250 \\ 0.750 & 0.658 & 0.5 & 0.342 \\ 0.815 & 0.750 & 0.658 & 0.5 \end{bmatrix}, \boldsymbol{P}^2 = \begin{bmatrix} 0.5 & 0.250 & 0.185 & 0.342 \\ 0.750 & 0.5 & 0.250 & 0.250 \\ 0.815 & 0.750 & 0.5 & 0.658 \\ 0.658 & 0.750 & 0.342 & 0.5 \end{bmatrix}$$

$$\boldsymbol{P}^3 = \begin{bmatrix} 0.5 & 0.658 & 0.342 & 0.658 \\ 0.342 & 0.5 & 0.185 & 0.250 \\ 0.658 & 0.815 & 0.5 & 0.500 \\ 0.342 & 0.750 & 0.500 & 0.5 \end{bmatrix}, \boldsymbol{P}^4 = \begin{bmatrix} 0.5 & 0.500 & 0.342 & 0.250 \\ 0.500 & 0.5 & 0.250 & 0.250 \\ 0.658 & 0.750 & 0.5 & 0.342 \\ 0.750 & 0.750 & 0.658 & 0.5 \end{bmatrix}$$

第二步：利用改进的幂加权平均算子集结信息，可得：

$$IPWA(\boldsymbol{P}^1,\boldsymbol{P}^2,\boldsymbol{P}^3,\boldsymbol{P}^4) = \begin{bmatrix} 0.5 & 0.361 & 0.267 & 0.338 \\ 0.639 & 0.5 & 0.265 & 0.250 \\ 0.733 & 0.735 & 0.5 & 0.468 \\ 0.662 & 0.750 & 0.532 & 0.5 \end{bmatrix}$$

第三步：计算排序向量并选择最佳评估方案，根据式（3−30），计算排序向量可得：

$$\boldsymbol{v} = \{0.206, 0.221, 0.286, 0.287\}^{\mathrm{T}}$$

因此，各备选方案的排序为：$C_4 > C_3 > C_2 > C_1$。

3.6 对比分析

为了说明所提出方法的有效性，我们使用 Saaty（1980）的方法来解决上述的问题。在该算例中，首先，我们利用几何加权均值算子来集结乘法偏好关系，可得：

$$WGM(\boldsymbol{P}^1,\boldsymbol{P}^2,\boldsymbol{P}^3,\boldsymbol{P}^4) = \begin{bmatrix} 1 & 0.545 & 0.360 & 0.494 \\ 1.835 & 1 & 0.355 & 0.333 \\ 2.781 & 2.814 & 1 & 0.871 \\ 2.024 & 3.000 & 1.149 & 1 \end{bmatrix}$$

使用特征向量方法（Saaty，1980），计算优先级向量，可得：

$$\boldsymbol{v} = \{0.126, 0.155, 0.355, 0.364\}^{\mathrm{T}}$$

因此，各备选方案的排序为：$C_4 > C_3 > C_2 > C_1$。

由此可见，运用本章提出的基于矩阵相似性的异构群体偏好信息集结方法的排序结果与 Saaty（1980）方法得到的结果是一致的，说明本章提出的方法是有效的。然而，Saaty（1980）的方法没能考虑不同偏好信息之间的相互关系，而本章提出的方法通过矩阵相似度的应用，不但考虑了决策属性间的相互支撑关系，而且减少了集结算子在计算时的复杂度。

第 4 章　基于 DeGroot 模型的多属性群决策及应用

在第 3 章中，本书给出了一种基于矩阵相似性的异构群体偏好信息集结方法，但是没有考虑决策者之间的联系和决策者是否达成共识。本章在第 3 章的研究基础之上，提出了在社交信任网络（Social Trust Network，STN）下的基于 DeGroot 模型的群决策方法，该方法不仅考虑了决策者的社交网络关系，而且在达成共识的过程中考虑了决策者的观点演化情况。

4.1　引言

群决策（GDM）是由多名决策者组成，根据他们对一组备选方案发表的观点，从中选择合适的备选方案（Wu 和 Liao，2019；Song 和 Li，2019；Li 等，2021）。在群决策的过程中，由于决策者的个人背景及偏好不同，对同一问题的看法上会有不同的观点，甚至会有很大的分歧。使用传统的集结方法，在未考虑观点一致的情况下强制集结个体观点去形成的群体观点，可能会导致决策结果的信服度不高和缺乏决策个体的广泛认可，从而影响群决策效果以及群体方案的合理实施（张恒杰等，2021）。为了解决这类问题，学者们提出了群体共识达成模型和反馈机制，其目的是协调决策者之间的观点冲突，使得决策者在共识达成过程中通过更新和迭代过程改变他们的观点，以提高群共识水平（Palomares 等，2014），满足大多数决策者的要求而做出决策。

群决策包括两个步骤：共识达成过程和选择过程。群体共识决策框架（Herrera－Viedma 等，2002）主要包括如下步骤：（1）决策者根据实际情况，使用偏好结构或者某种意见表达自己的观点；（2）使用信息集结方法对初始的个体观点进行集结，并形成临时的群体观点；（3）构建共识水平的计算方法，计算决策者之间的共识程度，并通过共识阈值判断其是否可接受；（4）如果决策者没有达成共识，需使用反馈机制生成观点的修改建议，并引导决策者进行观点调整。然后，不断重复以上决策过程，直到所有决策者的观点达成共识，形成最终的群体观点，做出决策。具体流程图如图 4.1 所示：

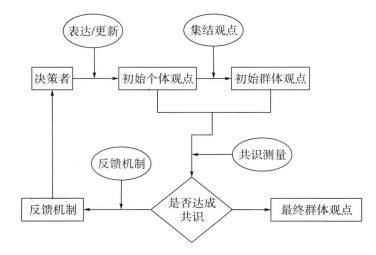

图 4.1　**群体共识过程框架**（Herrera－viedma **等**，2002；**张恒杰等**，2021）

　　许多决策问题都需要考虑各利益方的意愿，使得各利益方达成共识，从而有效的解决群决策问题（顾基发，2001；Palomares 等；2014）。现实生活中的决策问题通常涉及许多不同类型的属性（或指标和因素），这些问题可视为多属性群决策问题（梁昌勇等，2006；Pang 和 Liang，2012；Dong 等，2016；刘培德和腾飞，2021）。决策者需要根据他们提供的多属性决策矩阵进行排序并选择合适的备选方案（Mao 等，2019）。例如，供应商选择问题（程发新等，2012；Song 和 Li，2019）以及拆迁补偿问题（Gong 等，2017）等。针对企业希望在制造过程中减少环境污染，程发新等（2012）研究了企业选择低碳供应商问题。由于在碳排放过程中决策者获取相关信息比较困难，提供的评估信息是不完整的，程发新等提出了一种基于群共识的残缺语言偏好群决策方法来选择低碳供应商。针对概率语言环境下的多属性群决策问题，刘培德和腾飞（2021）提出了一种基于共识模型和和 ORESTE 方法的多属性群决策方法。Dong 等（2016）提出了关于决策过程中属性和备选方案动态变化的复杂动态多属性群决策框架。Zhang 和 Liang 等（2018）提出了一个带有 HFLTS 的共识达成模型。这些研究中都是假设决策者是独立的或彼此不认识，没有考虑决策者的社交网络关系。

　　随着 Web2.0 技术的进步，包括微信、微博、小红书等社交媒体的推广，社交网络关系使得决策者之间的信息交流更加便捷（Chu 等，2016；Wu 等，2016；Capuano 等，2017；李根强和方从慧，2017；Dong 等，2018）。社交网络群决策（Social Network Group Decision Making，SNGDM）也成为群决策中的热点研究领域。在决策者达成共识的过程中，决策者会受到其他决策者的影响，在反复互动过程中改变自己的意见，以达成共识（Dong 等，2017；Pérez 等，2018；Dong 等，2019；Zha 等，2019a；Zha 等，2019b）。针对社交网络中决策者之间的信任值为 0 或 1，对应的社交矩阵为邻接矩阵，Wu 和 Liu 等（2018）使用社交网络分析解决群决策问题。Dong 等（2018）总结了社交网络下群决策中共识达成过程的最新文献综述。而当社交网络中决策者之间的信任值为 0 到 1 之间的数值时，即使决策者之间没有直接的信任关系，通过信任传递和信任集结可以构建间接的信任关系。Wu 等（2016）使用信任传播和信任集结方法构建了完整的社交信任矩阵（Complete Social Trust Matrix，CSTM），用于确定群决策中决策者的权重。Dong 等（2020）提出了带有反馈机制的共识达成方法，并设计了一种新的信任关系操纵，以获得社交网络下群决策中备选方案的预期排名。这类文献没有考虑社交信任网络中决策者的自信任值，自信任值可以反映个人是否能够完成活动，是决策者自身坚持自己观点的程度（Liu 等，2017）。

在多属性群决策模型中，未达成共识的决策者需要根据反馈机制提供的建议修改其意见，提供反馈机制的建议并不意味着决策者会完全接受这些建议。事实上，决策者既不能简单采纳，也不能完全无视他人的意见；已知的群体互动共识模型忽略了群体中决策者之间的信任关系，无法研究社交网络下决策者的观点演化机制。现有的社交网络 DeGroot 模型（Dong 等，2017）考虑了具有信任关系的决策者之间的观点演化情况，但忽略了决策之间信任关系的不确定性和传递性。基于上述分析，本章提出了一种社交信任网络下的基于 DeGroot 模型的群决策。主要创新点是：①采用决策者的自信任值来构建完整的社交信任矩阵，从主观和客观两个方面反映了决策者的重要性，确定决策者的权重。②传统的多属性群决策方法很少考虑决策者是否愿意主动接受他人的意见。为了避免这种情况，本章提出了一种社交信任网络背景下基于 DeGroot 模型的多属性群决策方法。③基于 Victor 等（2011）提出的信任关系的不确定性和传递性，我们将该方法应用到 DeGroot 模型中，以研究信任传播和信任集结对多属性群决策的影响。

基于上述对传统群决策方法和社交信任网络的分析，本章的内容安排如下：4.2 节给出了信任关系的相关定义和法则以及确定决策者权重的方法和 DeGroot 模型；4.3 节给出了本章提出的基于 DeGroot 模型的多属性群决策模型的构建方式；4.4 节给出了算例分析；4.5 节是基于本章提出方法的模拟实验分析和不同方法间的对比分析。

4.2 相关定义和法则

在本节中，我们给出社交网络的一些定义、性质及集结算子，为后面基于 DeGroot 模型的群决策提供理论基础。

4.2.1 信任关系的传递

在群决策中，信任是影响决策结果的主要因素，主要思想是可以根据他人的经验降低决策主体对未知事件带来的风险和不确定性，以建立彼此间的感知信任，这就形成了信任在决策主体之间的传播。在现实生活中，通常会存在这样的情况：如果甲信任乙，乙信任丙，那么甲是否会信任丙？甲信任丙的程度又有多大？信任传递（Trust transitivity）主要是甲基于乙对丙的信任关系，构建甲与丙之间的间接信任关系。针对不同环境下决策主体之间的信任传递，抽象出信任传递模型，通过提取某种情境下决策主体之间的信任传递机制来构建信任传递方法，并计算随着这种信任传递后彼此间的信任度。

20 世纪 90 年代，信任传递模型开始出现，最开始的应用主要在网络安全领域（Blaze，1996），随着移动通信的发展，信任传递模型则开始应用在电子商务推荐系统及物联网等领域，使得越来越多的学者开始研究以下两个方面：①信任传递过程中人们的主观性；②信任关系和信任网络的复杂性。学者们主要研究的是在信任传递模型中，如何利用决策主体间的信任传递关系，计算出决策主体与其他决策主体的信任度。在此基础上，学者们针对不同的领域构建了不同的信任传递模型，主要分为数学模型和社会网络模型。

信任传递数学模型主要是将决策主体对备选方案的信任度以及决策主体间信任关系的强度等因素抽象为数学模型，其主要思想是首先计算信任链上的信任度，然后综合汇总决策主体间多条信任链上的信任度来作为决策主体对备案方案的信任感知。这类模型的核心问题是用哪种方法来汇总多条信任链上的信任度来确定决策主体的信任度。

信任传递网络模型主要是将参与信任传递的决策主体和信任关系抽象为网络图中的节点和边，计算网络图中任意两个节点间信任度最高的路径，把这个信任度作为决策主体最终的信任传递值，主要应用在移动通信、电子商务等方面。这类模型的核心问题主要是构建哪种路径来迅速地找到信任度最高的信任链。信任关系是社会关系的一种表现形式，信任传递是决策主体通过他们的社交网络关系在多个主体间相互传递信任的一个过程。近年来研究的一个趋势是将社交网络和信任传递结合在一起构建成社交网络信任传递模型，其基本思想是参与信任传递的决策主体和他们之间的信任关系，对应的是社交网络里的节点和边。由于决策主体间的信任关系并不是对称的，这种模型多表现为有向加权图。

第 2 章中定义 2.8 中介绍了社交网络关系，代表了决策者之间的两种关系（即完全信任或完全不信任），但它不适用于衡量社交网络中信任关系的不确定性。为了避免这种情况，本章使用了一种社交信任网络（STN），这是社交网络的一种特设情况，其中信任值 $a_{ij} \in [0,1]$ 表示决策者之间的信任值（Dong 等，2018），此时决策者之间的信任关系是不对称的。社交信任网络中的社会测量称为模糊社会计量学，相关定义如下。

定义 4.1　（Dong 等，2018）设一个函数 $F_A : E \times E \to [0,1]$，$F_A(e_i, e_j) = a_{ij}(a_{ij} \in [0,1])$ 表示决策者 e_i 信任 e_j 的信任值。例如，图 4.2（a）中 $a_{13} = 0.8$ 说明决策者 e_1 对决策者 e_3 的信任值为 0.8。

在社交信任网络中，一些决策者不能直接给予其他决策者一定的信任值。在这种情况下，通过社交信任网络得到的信任矩阵是不完全的。例如，在图 4.2（a）中，有三个决策者 e_1, e_2, e_3，其中决策者 e_2 信任决策者 e_1，决策者 e_1 信任决策者 e_3，决策者 e_2 和决策者 e_3 没有信任关系。但是根据信任关系的传递性，决策者 e_2 是在一定程度上信任决策者 e_3，可以利用信任传播方法确定决策者 e_2 对决策者 e_3 的信任值，如图 4.2（b）所示。Victor 等（2011）提出了 t－范数的信任传播方法，该方法可以从不完整的社交信任网络中获得信任关系，并利用排序加权平均算子（OWA）对通过各种信任方式获得的相邻信任值对进行集结。

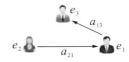

（a）从 e_2 到 e_3 没有信任关系

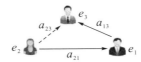

（b）利用信任传递构建从 e_2 到 e_3 的信任关系

图 4.2　通过信任传递构建间接的信任路径

当 t -范数只涉及两个变量时，称为三角范数。函数 $T:[0,1]^2 \to [0,1]$ 满足以下条件：①交换的；②结合的；③单调的；④ $\forall a, T(a,1) = a$（Klement 等，2000）。本章采用 Einstein 积作为 t -范数，如下：

$$T(a_1, a_2) = \frac{a_1 \cdot a_2}{1 + (1 - a_1) \cdot (1 - a_2)} \tag{4-1}$$

式中，a_1, a_2 是从 0 到 1 的实数，对于任何 t -范数函数 $T(a_1, a_2) \leqslant \min\{a_1, a_2\}$。根据式（4-1），当涉及 n 个变量时，t -范数可确定如下：

$$T(a_1, a_2, \cdots, a_n) = \frac{2 \prod_{i=1}^{n} a_i}{\prod_{i=1}^{n}(2 - a_i) + \prod_{i=1}^{n} a_i} \tag{4-2}$$

式中，$a_i \in [0,1](i = 1,2,\cdots,n)$。

如果从决策者 e_i 到 e_j 的路径是：$e_i \xrightarrow{1} e_{\tau(1)} \xrightarrow{2} e_{\tau(2)} \xrightarrow{3} e_{\tau(3)} \xrightarrow{4} \cdots\cdots$ $\xrightarrow{p} e_{\tau(p)} \xrightarrow{p+1} e_j$，利用 t -范数估计信任值 a_{ij}：

$$
\begin{aligned}
a_{ij} &= T(a_{i,\tau(1)}, a_{\tau(1),\tau(2)}, \cdots, a_{\tau(p),j}) \\
&= \frac{2 a_{i,\tau(1)} \cdot a_{\tau(p),j} \prod_{h=1}^{p-1} a_{\tau(h),\tau(h+1)}}{(2 - a_{i,\tau(1)}) \cdot (2 - a_{\tau(p),j}) \prod_{h=1}^{p-1}(2 - a_{\tau(h),\tau(h+1)}) + a_{i,\tau(1)} \cdot a_{\tau(p),j} \prod_{h=1}^{p-1} a_{\tau(h),\tau(h+1)}}
\end{aligned}
\tag{4-3}
$$

如图 4.2（b）中，假设 $a_{21} = 0.8, a_{13} = 0.9$，决策者 e_2 对决策者 e_3 的信任值 a_{23} 通过式（4-1）获得，$a_{23} = T(a_{21}, a_{13}) = T(0.8, 0.9) = 0.706$。

4.2.2　信任关系的集结

当两个决策者之间没有直接的信任关系时，4.1.1 部分介绍了通过信任传递构建两个决策者的间接信任关系。在某些情况下，两个决策者之间可能存在多条信任路径，如图 4.3 中决策者 e_2 和决策者 e_5 之间没有直接的信任关系，但是可以通过两条信任路径构建它们之间的联系：① $e_2 \xrightarrow{1} e_3 \xrightarrow{2} e_5$；② $e_2 \xrightarrow{1} e_1 \xrightarrow{2} e_4 \xrightarrow{3} e_5$。当两个决策者之间存在多条信任路径时，可以用 OWA 算子集结所有信任路径的信任值，从而确定最终的信任值。

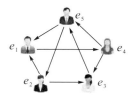

图 4.3　**5 个决策者的社交网络图**

定义 4.2　（Yager，1996）假设决策者 e_i 到 e_j 存在 M 条信任路径，其对应的信任值的集合为 $\{a_{ij}^1, a_{ij}^2, \cdots, a_{ij}^M\}$，则 a_{ij} 的计算公式为：

$$a_{ij} = OWA(a_{ij}^1, a_{ij}^2, \cdots, a_{ij}^M) = \sum_{l=1}^{M} \mu_l a_{ij}^{\tau(l)} \tag{4-4}$$

式中，$a_{ij}^{\tau(l)}$ 是 $(a_{ij}^1, a_{ij}^2, \cdots, a_{ij}^M)$ 的第 l 个大的值，对应的权重向量为 $\boldsymbol{\mu} = \{\mu_1, \mu_2, \cdots, \mu_M\}^{\mathrm{T}}$，其中 μ_l 是非负的且 $\sum_{l=1}^{M} \mu_l = 1$。从式（4-4）可知，确定权重向量 $\boldsymbol{\mu} = \{\mu_1, \mu_2, \cdots, \mu_M\}^{\mathrm{T}}$ 是非常重要的。下面，我们介绍求权重向量 $\boldsymbol{\mu} = \{\mu_1, \mu_2, \cdots, \mu_M\}^{\mathrm{T}}$ 的语言量词 Q（Zadeh，1983）：

$$\boldsymbol{\mu}_l = Q\left(\frac{l}{M}\right) - Q\left(\frac{l-1}{M}\right), l = 1, 2, \cdots, M \tag{4-5}$$

其中

$$Q(\tau) = \begin{cases} 0, & \tau < d, \\ \dfrac{\tau - d}{f - d}, & d \leqslant \tau \leqslant f \\ 1, & \tau > f \end{cases} \tag{4-6}$$

式中，$d, f, \tau \in [0, 1]$，参数 (d, f) 的范围是 $(0.5, 1)$、$(0, 0.5)$、$(0.3, 0.8)$ 和 $(0, 1)$，对应的含义分别是"尽可能多""至少一半""大部分"和"全部"。"大部分"是在文献中最常用的求不同信任路径信任值的语言量词。如果信任路径涉及的决策者的个数太多，研究信任传递意义不大，本章只考虑信任路径的长度小于 4 的情况。

在图 4.3 中，决策者 e_2 对 e_5 的信任值是未知的，但从决策者 e_2 到决策者 e_5 有两条路径：$e_2 \xrightarrow{1} e_3 \xrightarrow{2} e_5$ 和 $e_2 \xrightarrow{1} e_1 \xrightarrow{2} e_4 \xrightarrow{3} e_5$。假设 $a_{23} = 0.6$，$a_{35} = 0.9, a_{21} = 0.8, a_{14} = 0.6, a_{45} = 0.7$，那么：

（1）$a_{25}^1 = T(a_{23}, a_{35}) = T(0.6, 0.9) = 0.519$；

（2）$a_{25}^2 = T(a_{21}, a_{14}, a_{45}) = T(0.8, 0.6, 0.7) = 0.267$。

根据式（4−4）～式（4−6）得到从决策者 e_2 到决策者 e_5 的信任值：

$$a_{25} = OWA(a_{25}^1, a_{25}^2) = OWA(0.519, 0.267)$$

$$= \frac{2}{5} \times 0.519 + \frac{4}{5} \times 0.267 = 0.3678$$

4.2.3　决策者权重的确定

根据前面的介绍，已知决策者的社交信任网络图时，可以得到初始不完整的社交信任矩阵 $\mathbf{IA} = (a_{hk})_{n \times n}$。根据信任传递和信任集结构建完整的社交信任矩阵 $\mathbf{A} = (a_{hk})_{n \times n}$。在群决策中，决策者的权重不仅代表了决策者在社交网络中的地位，而且会影响最终的决策结果，因此确定决策者的权重至关重要。以往的群决策文献中，学者们通常会用偏好关系间的距离来获得决策者的权重，并未考虑决策者之间的联系。为了避免这种情况，本章给出社交信任网络确定决策者权重的方法。

假如决策者 $e_h(h = 1, 2, \cdots, n)$ 的自信任值为 $\beta_h \in [0, 1]$，把 $\beta_h \in [0, 1]$ 引入完整的社交矩阵 $\mathbf{A} = (a_{hk})_{n \times n}$ 得到完整的自信任社交矩阵 $\mathbf{A}'$：

$$\mathbf{A}' = \begin{bmatrix} \beta_1 & a_{12} & \cdots & a_{1n} \\ a_{21} & \beta_2 & \cdots & a_{2n} \\ \vdots & \vdots & \vdots & \vdots \\ a_{n1} & a_{n2} & \cdots & a_{nn} \end{bmatrix}$$

定义 4.3　假如 a_{hk} 是完整的自信任社交矩阵 $\mathbf{A}'$ 的元素，那么决策者 e_k 的信任度（Trust Degree，TS）为：

$$TS(e_k) = \frac{\sum\limits_{h=1}^{n} a_{hk}}{n}, k = 1, 2, \cdots, n \tag{4−8}$$

式（4−8）代表了决策者 e_k 对其他决策者的影响力。

定义 4.4　（Yager，1996）BUM 函数 $Q:[0, 1] \to [0, 1]$，对于 $x \geqslant y$，满足以下三个条件：① $Q(0) = 0$；② $Q(1) = 1$；③ $Q(x) \geqslant Q(y)$。

根据式（4−4）和式（4−5），决策者的权重可通过下列方式获得：

$$w_{S}^{v(k)} = Q\left[\frac{S(v(k))}{S(v(h))}\right] - Q\left[\frac{S(v(k-1))}{S(v(h))}\right] \tag{4−9}$$

式中，$S(\upsilon(k)) = \sum_{p=1}^{k} TS_{\upsilon(p)}$，其中 $TS_{\upsilon(p)}$ 是第 p 大的 $\{TS_1, TS_2, \cdots,$ $TS_h\}$，$Q(\zeta) = \zeta^{2/3}$。

下面通过算法 4.1 来梳理确定决策者权重的详细步骤。

算法 4.1：基于决策者的社交信任网络确定决策者的权重

输入：n 个决策者构成的社交信任网络 $G(E, V)$，n 个决策者的自信任值 $\beta_h(h = 1, 2, \cdots,$ $n)$。

输出：决策者的权重 $\boldsymbol{w} = \{w_1, w_2, \cdots, w_n\}^{\mathrm{T}}$。

第一步：根据 n 个决策者构成的社交信任网络 $G(E, V)$，得到初始的社交信任矩阵 $\boldsymbol{IA} = (a_{hk})_{n \times n}$；

第二步：利用信任传递和信任集结算子，构建完整的社交信任矩阵 $\boldsymbol{A} = (a_{hk})_{n \times n}$；

第三步：然后引入决策者的自信任值 $\beta_h(h = 1, 2, \cdots, n)$，构建完整的自信任社交矩阵 $\boldsymbol{A'} = (a_{hk})_{n \times n}$；

第四步：利用式（4-8）来确定每个决策者的信任度 $TS(e_k) = \dfrac{\sum_{h=1}^{n} a_{hk}}{n}$，$k = 1, 2, \cdots, n$；

第五步：利用式（4-9）来确定每个决策者的权重；

第六步：结束。

4.2.4　DeGroot 模型

DeGroot 模型（DeGroot，1974）是假定有 n 个人讨论一个主题，用 $g(A)$ 来建模个体之间的交互行为，$x_h(t)$ 表示的是第 h 个人在 t 时刻的观点，其中时间 t 是离散值（$t = 0, 1, 2, \cdots$），可以建模如下：

$$x_h(t+1) = \sum_{k=1}^{n} a_{hk} x_k(t) = \begin{bmatrix} a_{h1} & a_{h2} & \cdots & a_{hk} & \cdots & a_{hn} \end{bmatrix} \begin{bmatrix} x_1(t) \\ x_2(t) \\ \vdots \\ x_k(t) \\ \vdots \\ x_n(t) \end{bmatrix}$$

$$(4-10)$$

即第 h 个人在第 $t+1$ 时刻的观点同所有人前一时刻 t 的观点有关，$\sum_{k=1}^{n} a_{hk} = 1$，$\boldsymbol{A}$ 是非负的行随机矩阵，写出紧凑形式如下：

$$x(t+1) = \begin{bmatrix} x_1(t+1) \\ \vdots \\ x_n(t+1) \end{bmatrix} = \begin{bmatrix} a_{11} & a_{12} & \cdots & a_{1n} \\ a_{21} & a_{22} & \cdots & a_{2n} \\ \vdots & \vdots & \vdots & \vdots \\ a_{n1} & a_{n2} & \cdots & a_{nm} \end{bmatrix} \begin{bmatrix} x_1(t) \\ x_2(t) \\ \vdots \\ x_n(t) \end{bmatrix} = \mathbf{A}x(t) = \mathbf{A} \begin{bmatrix} x_1(t) \\ x_2(t) \\ \vdots \\ x_n(t) \end{bmatrix}$$

$$(4-11)$$

DeGroot 模型又称加权平均模型，它假设在每个更新时刻，个体观点更新为其所有邻居节点的加权平均，其中权重由个体之间的相互影响刻画。

4.3 模型构建

4.3.1 STDG 模型

假设 $E = \{e_1, e_2, \cdots, e_n\}, n \geqslant 2$ 表示有限个决策者的集合，$X = \{x_1, x_2, \cdots, x_m\}, m \geqslant 2$ 是评估方案的集合，$C = \{c_1, c_2, \cdots, c_q\}, q \geqslant 2$ 是评估方案属性的集合，$\bar{\omega} = \{\bar{\omega}_1, \bar{\omega}_2, \cdots, \bar{\omega}_q\}$ 是属性的权重集合，$\mathbf{V}^{(h,t)} = (v_{ij}^{(h,t)})_{m \times q}$，$v_{ij}^{(h,t)} \in \mathbf{R}$ 表示决策者 e_h 在 t 时刻对第 i 个方案第 j 个指标的评价矩阵。$\mathbf{A}' = (a_{hk})_{n \times n}$ 是从 4.1.3 中得到的完整的自信任社交矩阵，其中决策者的自信任值为 β_h，分配给其他的决策者的信任值为 $(1-\beta_h)$。让 w_{hk} 代表决策者 e_h 分给决策者 e_k 的权重，则

$$w_{hk} = \frac{(1-\beta_h)a_{hk}}{\sum\limits_{k=1, k \neq h}^{n} a_{hk}}$$

$$(4-12)$$

根据社交信任网络下的 DeGroot 模型（Dong 等，2017），决策者 e_h 在 $t+1$ 时刻的观点是与所有决策者在前一时刻 t 的观点有关，即

$$\mathbf{V}^{(h,t+1)} = \beta_h \mathbf{V}^{(h,t)} + \sum\limits_{k=1, k \neq h}^{n} w_{hk} \times \mathbf{V}^{(k,t)}$$

$$(4-13)$$

上式也可以写成 $\mathbf{V}^{(h,t+1)} = \mathbf{W} \times \mathbf{V}^{(h,t)}$，其中

$$\mathbf{W} = \begin{bmatrix} \beta_1 & w_{12} & \cdots & w_{1n} \\ w_{21} & \beta_2 & \cdots & w_{2n} \\ \vdots & \vdots & \vdots & \vdots \\ w_{n1} & w_{n2} & \cdots & \beta_n \end{bmatrix}$$

$$(4-14)$$

注意：矩阵 $\boldsymbol{W}$ 的每行元素之和为 1。

$$\sum_{k=1}^{n} w_{hk} = \beta_h + \sum_{k=1, k \neq h}^{n} \frac{(1 - \beta_h) a_{hk}}{\sum\limits_{k=1, k \neq h}^{n} a_{hk}} = 1 \tag{4-15}$$

4.3.2　基于社交信任网络的 DeGroot 的多属性群决策

为了分析社交信任网络中决策者不确定的信任关系和信任传递、信任集结对群决策的影响，本章提出了基于 DeGroot 模型的多属性群决策。该方法包括共识测度过程、基于 DeGroot 模型的反馈机制和方案选择 3 个过程。

4.3.2.1　共识测度过程

在大多数群决策的情况下，决策者的观点并不都需要收敛到相同的值，只需要在小范围内收敛，这种情况导致软共识的出现（Zhang 和 Kou 等，2019）。常用的两种共识测度的定义有：①每个决策者的偏好和群体偏好之间的距离（Dong 等，2015）；②决策者偏好之间的距离（Kacprzyk 和 Fedrizzi，1988）。本章采用第二种定义。

定义 4.5　（共识测度）决策者 e_h 和 e_k 之间的共识测度定义为：

$$d(\boldsymbol{V}^{(h,t)}, \boldsymbol{V}^{(k,t)}) = \frac{1}{m * q} \sum_{i=1}^{m} \sum_{j=1}^{q} |\boldsymbol{V}^{(h,t)} - \boldsymbol{V}^{(h,t)}| \tag{4-16}$$

根据定义 4.5 的共识测度，我们给出决策者之间达成共识的条件，即

$$d(\boldsymbol{V}^{(h,t)}, \boldsymbol{V}^{(k,t)}) < \varepsilon, \varepsilon \in (0, 1) \tag{4-17}$$

当任意两个决策者观点的距离满足上述条件时，我们可以说所有决策者达成共识，才能做出决策。另外，及时性和决策质量都是影响多属性群决策的重要因素。Xu 等（2015）指出，在有限的时间内做出决策比获得高质量的决策更重要。因此在提出的方法中，我们将给出最大迭代次数，即决策者应在给定的范围内达成共识，否则直接进行信息集结做出决策。

4.3.2.2　基于 DeGroot 模型的反馈机制

社交网络作为人们表达观点的平台，人们可以相互交流并相互影响。因此本章提出了一种基于 DeGroot 模型的反馈机制，帮助决策者达成共识。当决策者 e_h 与其他决策者的观点之间的距离大于或等于 ε 时，需要改变决策者 e_h

的观点，根据 4.2.1 的介绍，决策者 e_h 在 $t+1$ 时的观点是与所有人在 t 时的观点有关，即：

$$\boldsymbol{V}^{(h,t+1)} = w_{h1}\boldsymbol{V}^{(1,t)} + \cdots + \beta_h\boldsymbol{V}^{(h,t)} + \cdots + w_{hn}\boldsymbol{V}^{(n,t)}$$

式中，$t = 0,1,2,\cdots; h = 1,2,\cdots,n$。信任系数为社交权重影响矩阵 $\boldsymbol{W}$ 里的元素。

4.3.2.3　方案选择

当所有决策者达成共识时，集结所有决策者的观点并对方案进行排序做出决策。首先，决策者 e_h 对方案 x_i 的评估值为 $D^{(h)}(x_i)$ 可以表示为：

$$D^{(h)}(x_i) = \sum_{j=1}^{q} \bar{\omega}_j \boldsymbol{V}^{(h,t)} = \sum_{j=1}^{q} \bar{\omega}_j v_{ij}^{(h,t)} \qquad (4-18)$$

式中，$\bar{\omega} = \{\bar{\omega}_1, \bar{\omega}_2 \cdots, \bar{\omega}_q\}$，$\bar{\omega}_j \in (0,1)$ 是指标 c_j 的权重。

然后，集结所有决策者对备选方案 x_i 的评估值，得到：

$$D(x_i) = \sum_{h=1}^{n} w_h D^{(h)}(x_i) \qquad (4-19)$$

如果 $D(x_i) > D(x_j)$，说明方案 x_i 优于 x_j。

下面，我们给出算法 4.2 来描述前面介绍的 3 个过程的详细步骤。

算法 4.2：社交信任网络背景下基于 DeGroot 模型的多属性群决策

输入：n 个决策者的初始决策矩阵 $\boldsymbol{V}^{(h,0)} = (v_{ij}^{(h,0)})_{m\times q}$，备选方案的属性权重为 $\bar{\omega} = \{\bar{\omega}_1, \bar{\omega}_2 \cdots, \bar{\omega}_q\}$，决策者权重为 $\boldsymbol{w} = \{w_1, w_2, \cdots, w_n\}^T$，$\varepsilon, t = 0, \boldsymbol{W} = (w_{hk})_{n\times n}$。

输出：最终的决策矩阵 $\boldsymbol{V}^{(h,t)} = (v_{ij}^{(h,t)})_{m\times q}$，达成共识需要的迭代次数 t，以及集结后的评估值为 $D(x_i)$。

第一步：如果 $d(v_{ij}^{h,0}, v_{ij}^{k,0}) = \frac{1}{m * q} \sum_{i=1}^{m} \sum_{j=1}^{q} |v_{ij}^{h,0} - v_{ij}^{k,0}| \geqslant \varepsilon$，其中 $h \neq k, h, k = 1, 2, \cdots, n$，继续下一步，否则进行第三步；

第二步：令 $t = t+1$，利用式（4-13），得到下一时刻所有决策者的观点。如果 $d(v_{ij}^{h,t}, v_{ij}^{k,t}) = \frac{1}{m * q} \sum_{i=1}^{m} \sum_{j=1}^{q} |v_{ij}^{h,t} - v_{ij}^{k,t}| < \varepsilon$ 或者 $t > t_{\max}$，则进行第三步，否则继续进行第二步；

第三步：利用式（4-18）得到决策者 e_h 对方案 x_i 的评估值为 $D^{(h)}(x_i)$；

第四步：利用式（4-19）得到决策者集结后的评估值为 $D(x_i)$；

第五步：结束。

4.3.3　本章框架图

通过前面的介绍，我们总结出本章的框架主要包括 3 个阶段（见图 4.4）：信任传递和信任集结、共识达成过程、方案排序及选择。

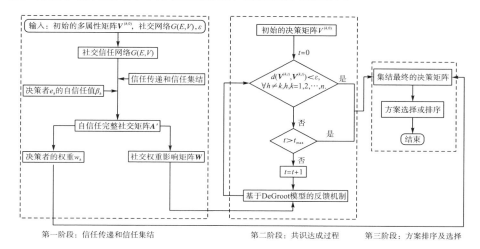

图 4.4　**本章框架图**

（1）信任传递和信任集结。在初始社交信任矩阵的基础上，利用信任传播和信任集结方法，得到完整的社交信任矩阵。结合决策者的自信任值，得到完整的自信任社交矩阵，确定出决策者的权重和社交影响权重矩阵。

（2）共识达成过程。在这一阶段，如果决策者之间未达成共识，采用基于 DeGroot 模型的反馈机制来调整决策者的观点，其主要思想是决策者的观点是受自己和他所信任的其他决策者的影响，直到所有决策者达成共识为止。

（3）方案排序及选择。当所有决策者达成共识后，确定出每个决策者最终的多属性决策矩阵，结合决策者的权重进行信息集结，得到方案的排序，选出最佳方案。

4.4　算例分析

在前面的章节中，我们介绍了在社交网络背景下，决策者的社交信任关系对决策者的观点影响，当决策者们的观点未达成共识时，我们可以利用基于 DeGroot 模型的反馈机制修改决策者们的观点达成共识做出决策。而在方法论上，Baucells 和 Sarin（2003）声称"决策分析有一个很强的传统，就是将复杂的问题分解成简单的部分，然后将收集到的信息结合起来，得出一个决策"。这一观点解释了在企业管理中，我们为什么可以把企业的各种决策活动分为几个独立的任务，并把企业的供应商选择过程认为是决策过程。供应商选择涉及内容较广，采购企业需要从确定采购需求到最终确定供应商以及评价供应商的过程中不断地综合考虑采购成本、经济效益、多集团利益、供应商规模和层次等多种因素，供应商选择问题是一个相互冲突的多准则决策问题（吴隽等，2010；钟德强等，2013；Junior 等，2014）。企业管理者想要选择合适的供应商，首先需要充分考察当时企业所处的环境、客户的需求以及备选供应商的相关材料等；然后根据企业的运营方针选择出相关领域的专家，对供应商选择问题制定出科学合理的步骤以及细则。Ristono 等（2018）提出供应商选择有 3 个阶段：①确定和选择供应商时将考虑的标准；②根据这些标准确定供应商评估方法；③供应商的选择。供应商选择的基本流程如图 4.5 所示（Chai 和 Ngai，2020）。

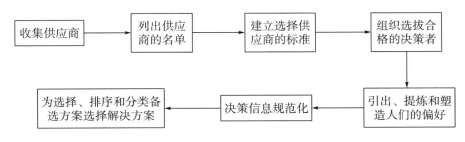

图 4.5　供应商选择的基本流程

下面，我们给出一个企业管理中供应商选择的例子来验证我们提出方法的有效性：某企业想采购一批防尘服，现有 4 家供应商 S_1, S_2, S_3, S_4 分别提供 4 种不同的防尘服 $\{x_1, x_2, x_3, x_4\}$，企业组织不同部门的 8 个决策者 $\{e_1, e_2, e_3, e_4, e_5, e_6, e_7, e_8\}$ 来从 4 种不同的防尘服 $\{x_1, x_2, x_3, x_4\}$ 中选出最合适的防尘服。8 个决策者间的社交网络如图 4.6 所示。要求决策者在做出决策的过程时考虑防尘服的以下属性：颜色（c_1）、舒适性（c_2）、风格（c_3）和品牌（c_4）（Wu 等，2016；Zhang 和 Liang 等，2018）。根据前面的介绍，这一问题可以作为多属性群决策问题来解决，具体步骤如下。

第一步：识别多属性群决策问题的相关指标。

8 个决策者的集合为 $E = \{e_1, e_2, \cdots, e_8\}$，4 家供应商的防尘服的集合为 $X = \{x_1, x_2, x_3, x_4\}$，对应的 4 个属性集合为 $C = \{c_1, c_2, c_3, c_4\}$，其中属性权重

指标 $\varpi = \{0.15, 0.25, 0.4, 0.2\}^{\mathrm{T}}$。8 个决策者给出的初始决策矩阵见表 4-1，社交网络图如图 4.6 所示。

表 4-1　初始决策矩阵

$V^{(1,0)}$		a_1	a_2	a_3	a_4	$V^{(2,0)}$		a_1	a_2	a_3	a_4
	x_1	0.587	0.447	0.172	0.493		x_1	0.375	0.573	0.299	0.296
	x_2	0.616	0.557	0.865	0.374		x_2	0.1	0.253	0.12	0.394
	x_3	0.591	0.951	0.439	0.221		x_3	0.346	0.585	0.156	0.078
	x_4	0.237	0.689	0.377	0.757		x_4	0.832	1	0.699	0.598
$V^{(3,0)}$		a_1	a_2	a_3	a_4	$V^{(4,0)}$		a_1	a_2	a_3	a_4
	x_1	0.202	0.017	0.396	0.534		x_1	0.032	0.693	0.73	0.469
	x_2	0.858	0.852	0.498	0.095		x_2	0.087	0.929	0.449	0.757
	x_3	0.615	0.149	0.67	0.824		x_3	0.245	0.116	0.442	0.334
	x_4	0.239	0.332	0.661	0.061		x_4	0.983	0.141	0.828	0.551
$V^{(5,0)}$		a_1	a_2	a_3	a_4	$V^{(6,0)}$		a_1	a_2	a_3	a_4
	x_1	0.81	0.937	0.084	0.625		x_1	0.58	0.365	0.026	0.074
	x_2	0.338	0.507	0.014	0.309		x_2	0.478	0.94	0.479	0.402
	x_3	0.235	0.061	0.749	0.643		x_3	0.091	0.913	0.962	0.105
	x_4	0.815	0.424	0.957	0.831		x_4	0.784	0.659	0.571	0.396
$V^{(7,0)}$		a_1	a_2	a_3	a_4	$V^{(8,0)}$		a_1	a_2	a_3	a_4
	x_1	0.837	0.837	0.174	0.597		x_1	0.277	0.465	0.116	0.002
	x_2	0.837	0.259	0.455	0.149		x_2	0.526	0.703	0.978	0.915
	x_3	0.039	0.188	0.443	0.275		x_3	0.716	0.857	0.848	0.657
	x_4	0.56	0.026	0.368	0.902		x_4	0.493	0.28	0.094	0.215

图 4.6　决策者的社交网络图

8 位决策者之间相互联系而且彼此之间存在不同的信任度，相关的初始不完整的社交信任矩阵 IA 如下：

$$IA = \begin{bmatrix} - & 0.92 & - & 0.95 & - & 0.86 & - & - \\ 0.95 & - & - & 0.85 & 0.9 & - & - & - \\ - & 1 & - & - & - & - & - & 1 \\ - & - & - & - & 0.95 & 0.9 & - & - \\ - & - & 0.94 & 0.93 & - & - & - & 0.95 \\ 0.93 & - & - & - & - & - & 0.98 & - \\ - & - & - & 0.96 & 0.87 & - & - & 0.94 \\ - & - & 0.84 & - & - & - & 0.92 & - \end{bmatrix}$$

根据 4.2.1 和 4.2.2 介绍的信任传递和信任集结方法，并引入决策者的自信任值 $\beta_1 = 0.5, \beta_2 = 0.7, \beta_3 = 0.6, \beta_4 = 0.8, \beta_5 = 0.8, \beta_6 = 0.6, \beta_7 = 0.8, \beta_8 = 0.7$，得到完整的自信任社交矩阵 A'：

$$A' = \begin{bmatrix} 0.5 & 0.92 & 0.795 & 0.95 & 0.763 & 0.86 & 0.835 & 0.785 \\ 0.95 & 0.7 & 0.746 & 0.85 & 0.9 & 0.771 & 0.764 & 0.818 \\ 0.95 & 1 & 0.6 & 0.86 & 0.806 & 0.777 & 0.92 & 1 \\ 0.831 & 0.809 & 0.82 & 0.8 & 0.95 & 0.9 & 0.845 & 0.873 \\ 0.815 & 0.869 & 0.94 & 0.93 & 0.8 & 0.331 & 0.848 & 0.95 \\ 0.93 & 0.851 & 0.792 & 0.814 & 0.831 & 0.6 & 0.98 & 0.849 \\ 0.793 & 0.812 & 0.8 & 0.96 & 0.87 & 0.769 & 0.8 & 0.94 \\ 0.821 & 0.87 & 0.87 & 0.736 & 0.79 & 0.783 & 0.92 & 0.7 \end{bmatrix}$$

基于完整的自信任社交矩阵 A'，应用式（4-8）可以得到决策者的信任度为

$$TS(e_1) = 0.824, TS(e_2) = 0.854, TS(e_3) = 0.795, TS(e_4) = 0.863,$$

$$TS(e_5) = 0.839, TS(e_6) = 0.786, TS(e_7) = 0.864, TS(e_8) = 0.864$$

根据式（4-9），$\xi_{\tau(1)} = \xi_8, \xi_{\tau(2)} = \xi_7, \xi_{\tau(3)} = \xi_4, \xi_{\tau(4)} = \xi_2, \xi_{\tau(5)} = \xi_5, \xi_{\tau(6)} = \xi_1, \xi_{\tau(7)} = \xi_3, \xi_{\tau(8)} = \xi_6$，利用 BUM 函数 $Q(\zeta) = \zeta^{2/3}$，确定决策者的权重如下：

$$w_T^{v(1)} = 0.256, w_T^{v(2)} = 0.15, w_T^{v(3)} = 0.126, w_T^{v(4)} = 0.111,$$

$$w_T^{v(5)} = 0.1, w_T^{v(6)} = 0.092, w_T^{v(7)} = 0.085, w_T^{v(8)} = 0.08$$

对应的决策者的权重为 $w_1 = 0.092, w_2 = 0.111, w_3 = 0.085, w_4 = 0.125, w_5 = 0.1, w_6 = 0.08, w_7 = 0.15, w_8 = 0.257$。利用式（4−12），得到社交权重影响矩阵 $\boldsymbol{W}$ 为：

$$\boldsymbol{W} = \begin{bmatrix} 0.5 & 0.078 & 0.067 & 0.08 & 0.065 & 0.073 & 0.071 & 0.066 \\ 0.049 & 0.7 & 0.039 & 0.044 & 0.047 & 0.04 & 0.039 & 0.042 \\ 0.06 & 0.063 & 0.6 & 0.055 & 0.051 & 0.049 & 0.058 & 0.063 \\ 0.028 & 0.027 & 0.027 & 0.8 & 0.032 & 0.03 & 0.028 & 0.029 \\ 0.026 & 0.028 & 0.03 & 0.03 & 0.8 & 0.027 & 0.027 & 0.031 \\ 0.062 & 0.056 & 0.052 & 0.054 & 0.055 & 0.6 & 0.065 & 0.056 \\ 0.027 & 0.027 & 0.027 & 0.032 & 0.029 & 0.026 & 0.8 & 0.032 \\ 0.043 & 0.045 & 0.045 & 0.038 & 0.041 & 0.041 & 0.048 & 0.7 \end{bmatrix}$$

第二步：构建基于 DeGroot 模型的反馈机制。

令 $\varepsilon = 0.1, t_{\max} = 5$，决策者之间达成共识的条件即任意两个决策者的观点距离是否小于 0.1。如果未达成共识，根据 4.2.3 的反馈机制的建议，决策者的观点是受到他自己和他所信任的决策者观点的影响。利用 Matlab 得到所有决策者在 $t = 5$ 时刻达成共识。图 4.7 表示决策者在每个时刻对每个方案的评估情况。

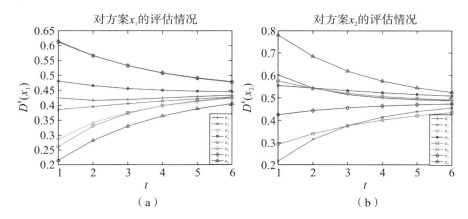

（a）　　　　　　　　　　（b）

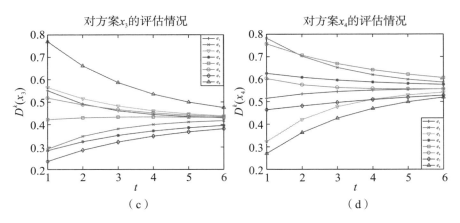

（c） （d）

图 4.7 决策者在每个时刻对每个方案的评估情况

第三步：根据第二步，确定出每个决策者的最终决策矩阵（见表 4-2）。

表 4-2 最终决策矩阵

$\mathbf{V}^{(1,5)}$		a_1	a_2	a_3	a_4	$\mathbf{V}^{(2,5)}$		a_1	a_2	a_3	a_4
	x_1	0.451	0.592	0.268	0.404		x_1	0.443	0.588	0.268	0.404
	x_2	0.455	0.607	0.454	0.438		x_2	0.411	0.565	0.409	0.431
	x_3	0.334	0.424	0.571	0.392		x_3	0.336	0.443	0.526	0.358
	x_4	0.655	0.407	0.587	0.571		x_4	0.677	0.483	0.604	0.571
$\mathbf{V}^{(3,5)}$		a_1	a_2	a_3	a_4	$\mathbf{V}^{(4,5)}$		a_1	a_2	a_3	a_4
	x_1	0.432	0.563	0.270	0.407		x_1	0.338	0.616	0.388	0.418
	x_2	0.478	0.618	0.457	0.422		x_2	0.358	0.698	0.452	0.524
	x_3	0.349	0.413	0.580	0.417		x_3	0.311	0.343	0.544	0.381
	x_4	0.635	0.404	0.587	0.542		x_4	0.743	0.336	0.652	0.560
$\mathbf{V}^{(5,5)}$		a_1	a_2	a_3	a_4	$\mathbf{V}^{(6,5)}$		a_1	a_2	a_3	a_4
	x_1	0.544	0.678	0.214	0.459		x_1	0.464	0.583	0.250	0.387
	x_2	0.424	0.582	0.334	0.402		x_2	0.463	0.619	0.454	0.433
	x_3	0.310	0.326	0.624	0.465		x_3	0.320	0.446	0.595	0.382
	x_4	0.694	0.411	0.685	0.631		x_4	0.660	0.416	0.582	0.562

		a_1	a_2	a_3	a_4			a_1	a_2	a_3	a_4
$\mathbf{V}^{(7,5)}$	x_1	0.554	0.655	0.240	0.453	$\mathbf{V}^{(8,5)}$	x_1	0.428	0.569	0.244	0.350
	x_2	0.561	0.516	0.457	0.361		x_2	0.468	0.615	0.517	0.491
	x_3	0.256	0.361	0.542	0.365		x_3	0.379	0.475	0.606	0.425
	x_4	0.628	0.301	0.525	0.655		x_4	0.629	0.388	0.519	0.519

第四步：根据式（4－18）和式（4－19），得到 8 个决策者对每个方案的的最终评估值为 $D(x_1) = 0.485, D(x_2) = 0.547, D(x_3) = 0.552, D(x_4) = 0.538$。因此，防尘服的排序为 $x_3 > x_2 > x_4 > x_1$，最合适的供应商是 S_3。

4.5　模拟实验和对比分析

4.4 节部分的算例分析验证了本章提出方法的有效性，下面介绍两个仿真和对比实验来说明本章提出的方法的合理性和优越性。

4.5.1　模拟实验

为了验证该方法的合理性，本部分介绍了两个仿真实验。参考以往文献的模拟分析文献（Zhang 等，2018；Tian 等，2019；Zhang 和 Dong 等，2019），学者为了表示实验的公平性，通常都对模拟实验运行 1000 次取平均值。本章采用的也是类似的思路，下面介绍几个常用的指标。

（1）共识成功率（R）：代表的含义是在 1000 次随机重复实验中，对于给定的 $t_{\max}$，决策者成功达成共识的实验次数所占的百分比。共识成功率越高，说明我们提出的方法就越有效。

（2）迭代次数（N），代表的含义是在 1000 次随机重复实验中，决策者达成共识需要的平均迭代次数。迭代次数越少，达到共识的收敛速度就越快。

（3）调整程度（AD），代表的含义是在 1000 次随机重复实验中，决策者达成共识时初始观点与最终观点之间的平均调整程度，AD_1 表示在一次实验中的观点调整程度，调整程度 AD_1 越小，表明决策者改变其观点的程度越小。

$$AD_1 = \frac{1}{m \times q} \sum_{h=1}^{n} \sum_{i=1}^{m} \sum_{j=1}^{q} \left| \mathbf{V}^{(h,t^*)} - \mathbf{V}^{(h,0)} \right| \tag{4－20}$$

为了研究 ε 和决策者的数量 n 对共识成功率 R、迭代次数 N 和调整程度

AD 的影响，基于本章提出的方法，介绍两个仿真实验，其区别是决策者的自信任分别取不同的值。

（1）模拟实验 I：模拟实验 I 的基本思想是所有决策者的自信任值都是 0.8，初始决策矩阵 $V^{(h,0)} = (v_{ij}^{(h,0)})_{m \times q}$ 内的元素随机从 $[0,1]$ 产生，n 个决策者对应的初始社交矩阵 $IA = (a_{hk})_{n \times n}$ 的元素随机从 $\{0\} \cup [0.8,1]$ 产生。具体实验的步骤见算法 4.3。

算法 4.3：模拟实验 I

输入：决策者的数量 n，方案的个数 m，属性的指标 n，给定的最大迭代次数 t_{max}，ε 的值。

输出：R,N,AD。

第一步：随机产生初始社交信任矩阵 $IA = (a_{hk})_{n \times n}$，$n$ 个初始决策矩阵 $(v_{ij}^{h,0})_{m \times q}$ 以及一个自信任矩阵 $D = (\beta_{hk})_{n \times 1}$，其中 $v_{ij}^{h,0}$ 是随机从区间 $[0,1]$ 中产生的，$a_{hk} = 0 (h = k)$，$a_{hk}(h \neq k)$ 是随机从区间 $0 \cup [0.8,1]$ 产生的，$\beta_{hk} = 0.8$；

第二步：判断随机产生的初始社交信任矩阵 $IA = (a_{hk})_{n \times n}$ 的连通性，若连通，则进行下一步，否则算法结束；

第三步：令 $a_{hk} = \beta_{hk}(h = k)$，然后利用 4.1.1 和 4.1.2 部分给出的信任传播和信任集结方法，得到完整的自信任社交矩阵 $A' = (a_{hk})_{n \times n}$；

第四步：基于完整的自信任社交矩阵 $A' = (a_{hk})_{n \times n}$，利用式（4-12）得到社交权重影响矩阵完整的 $W = (w_{hk})_{n \times n}$；

第五步：令 $t = 0$，利用式（4-16）来计算共识测度，如果 $d(v_{ij}^{h,t}, v_{ij}^{k,t}) = \frac{1}{m*q} \sum_{i=1}^{m} \sum_{j=1}^{q} |v_{ij}^{h,t} - v_{ij}^{k,t}| \geqslant \varepsilon$，其中 $h \neq k, h,k = 1,2,\cdots,n$，则继续下一步，否则进行第七步；

第六步：令 $t = t+1$，利用式（4-13），得到下一时刻所有决策者的观点，如果 $d(v_{ij}^{h,t}, v_{ij}^{k,t}) = \frac{1}{m*q} \sum_{i=1}^{m} \sum_{j=1}^{q} |v_{ij}^{h,t} - v_{ij}^{k,t}| < \varepsilon$ 或者 $t > t_{max}$，则进行下一步，否则重复第六步；

第七步：如果 $d(v_{ij}^{h,t}, v_{ij}^{k,t}) = \frac{1}{m*q} \sum_{i=1}^{m} \sum_{j=1}^{q} |v_{ij}^{h,t} - v_{ij}^{k,t}| < \varepsilon$，则 $R = 1$，利用式（4-19）计算 AD_1 的值，否则 $R = 0$，令 $N = t$；

第八步：输出 R,N,AD；

第九步：结束。

（2）模拟实验 II：模拟实验 II 和模拟实验 I 的唯一不同之处在于决策者的自信任值是随机从区间 $[0.5,1]$ 中产生的，其他的步骤都和算法 4.3 相同。模拟实验 II 的具体步骤见算法 4.4。

算法 4.4：模拟实验 II

输入：决策者的数量 n，方案的个数 m，属性的指标 n，给定的最大迭代次数 t_{max}，ε 的值。

输出：R,N,AD_1。

续表

> 第一步：随机产生初始社交信任矩阵 $IA = (a_{hk})_{n \times n}$，$n$ 个初始决策矩阵 $(v_{ij}^{h,0})_{m \times q}$ 以及一个自信任矩阵 $D = (\beta_{hk})_{n \times 1}$，其中 $v_{ij}^{h,0}$ 是随机从区间 $[0,1]$ 中产生的，$a_{hk} = 0 (h = k)$，$a_{hk}(h \neq k)$，是随机从区间 $0 \cup [0.8,1]$ 产生的，β_{hk} 是随机从区间 $[0.5,1]$ 中产生的；
>
> 第二步到第九步和算法 4.3 相同。

设 $m = 5, q = 4, t_{\max} = 5$ 以及 $n \in \{6,8,10\}$，$\varepsilon \in \{0.1, 0.15, 0.2, 0.25\}$。当 ε 固定，n 分别取不同的值时，对模拟实验 I 和 II 运行 1000 次，获得 R, N，AD 的值。相关的模拟结果展示在表 4-3 和表 4-4。

表 4-3　模拟实验 I 中 R, N, AD 的值

n	6				8				10			
ε	0.1	0.15	0.2	0.25	0.1	0.15	0.2	0.25	0.1	0.15	0.2	0.25
R	0.174	1	1	1	0.002	0.994	1	1	0	0.979	1	1
N	5.846	4.233	3.167	2.375	6.163	4.704	3.554	2.72	6.472	4.954	3.788	2.918
AD	1.067	0.916	0.772	0.635	1.457	1.288	1.102	0.925	1.872	1.666	1.427	1.209

表 4-4　模拟实验 II 中 R, N, AD 的值

n	6				8				10			
ε	0.1	0.15	0.2	0.25	0.1	0.15	0.2	0.25	0.1	0.15	0.2	0.25
R	0.107	0.279	0.536	0.777	0.038	0.124	0.373	0.633	0.015	0.069	0.208	0.464
N	17.607	11.593	7.721	5.535	25.795	17.612	11.365	6.384	35.274	22.196	14.058	9.128
AD	1.251	1.147	1.024	0.852	1.765	1.654	1.487	1.283	2.28	2.146	1.974	1.749

另外，图 4.8 和图 4.9 展示了当 ε 和 n 分别取不同的值时，模拟实验 I 和 II 中 R, N, AD 值的情况，得到的结论如下：

（1）当决策者的数量 n 固定时，ε 的值越大，N 和 AD 的值越小。当决策者的自信任值为 0.8 时，共识成功率 R 更容易接近 1。当决策者的自信任值是随机从区间 $[0.5,1]$ 中产生时，共识成功率 R 很难达到 1。

（2）当共识阈值 ε 固定时，n 的值越大，共识成功率 R 越低，达成共识需要的迭代次数 N 越多，调整程度 AD 越大。这说明参与决策的人数变多时，达成共识的难度也会加大。

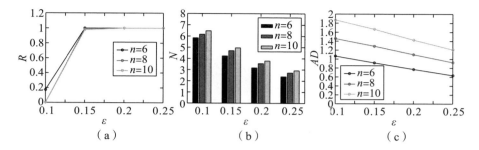

图 4.8　模拟实验 I 中 R,N,AD 的值

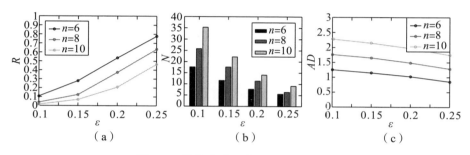

图 4.9　模拟实验 II 中 R,N,AD 的值

4.5.2　对比分析

本章提出的方法中，决策者之间的信任值是不确定的，且属于区间 $[0,1]$。为了更清楚地展示本章提出方法的优势，我们与决策者间信任值是 1 或 0（定义 2.8），且没有信任传递的多属性群决策方法做对比。相关的模拟实验如下：

模拟实验 I′：在模拟实验 I 中的基础上，把初始的社交信任矩阵 $\boldsymbol{IA} = (a_{hk})_{n \times n}$ 转化成邻接矩阵 $\boldsymbol{B} = (b_{hk})_{n \times n}$。当所有决策者的自信任值都是 0.8 时，在邻接矩阵 $\boldsymbol{B} = (b_{hk})_{n \times n}$ 的基础上，确定社交权重影响矩阵 $\boldsymbol{W} = (w_{hk})_{n \times n}$。然后判断决策者是否达成共识，如果没有，则构建基于 DeGroot 模型的反馈机制改变决策者的观点，直到达成共识为止。具体步骤见算法 4.5。

算法 4.5：模拟实验 I′

输入：决策者的数量 n，方案的个数 m，属性的指标 n，给定的最大迭代次数 t_{max}，ε 的值。
输出：R,N,AD_1。
第一步：随机产生初始社交信任矩阵 $\boldsymbol{IA} = (a_{hk})_{n \times n}$，$n$ 个初始决策矩阵 $(v_{ij}^{h;0})_{m \times q}$ 以及一个自信任矩阵 $\boldsymbol{D} = (\beta_{hk})_{n \times 1}$，其中 $v_{ij}^{h;0}$ 是随机从区间 $[0,1]$ 中产生的，$a_{hk} = 0 (h = k)$，$a_{hk} (h \neq k)$ 是随机从区间 $0 \cup [0.8,1]$ 产生的，$\beta_{hk} = 0.8$；

第二步：判断随机产生的初始社交信任矩阵 $\boldsymbol{IA} = (a_{hk})_{n\times n}$ 的连通性，若连通，则进行下一步，否则算法结束；

第三步：基于初始社交信任矩阵 $\boldsymbol{IA} = (a_{hk})_{n\times n}$，得到邻接矩阵 $\boldsymbol{B} = (b_{hk})_{n\times n}$，其中

$$b_{hk} = \begin{cases} 1, & \text{当 } a_{hk} \in [0.8,1] \\ 0, & \text{当 } a_{hk} = 0 \end{cases};$$

第四步：令 $b_{hh} = \beta_{h1}(h = 1,2,\cdots,n)$，将式（4-12）中的 a_{hk} 用 b_{hk} 代替，得到社交权重影响矩阵 $\boldsymbol{W} = (w_{hk})_{n\times n}$；

第五步到第九步和算法 4.3 相同。

模拟实验Ⅱ′：在模拟实验Ⅰ′中的基础上，设决策者的自信任值都是从区间 $[0.5,1]$ 中随机产生的，其他步骤和模拟实验Ⅰ′一样。具体步骤见算法 4.6。

算法 4.6：模拟实验Ⅱ′

输入：决策者的数量 n，方案的个数 m，属性的指标 n，给定的最大迭代次数 $t_{\max}$，ε 的值。

输出：R, N, AD_1。

第一步：随机产生初始社交信任矩阵 $\boldsymbol{IA} = (a_{hk})_{n\times n}$，$n$ 个初始决策矩阵 $(v_{ij}^{h,0})_{m\times q}$ 以及一个自信任矩阵 $\boldsymbol{D} = (\beta_{hk})_{n\times 1}$，其中 $v_{ij}^{h,0}$ 是随机从区间 $[0,1]$ 中产生的，$a_{hk} = 0(h = k)$，$a_{hk}(h \neq k)$ 是随机从区间 $0 \cup [0.8,1]$ 产生的，β_{hk} 是随机从区间 $[0.5,1]$ 中产生的；

第二步到第九步和算法 4.5 相同。

设 $m = 5, q = 4, t_{\max} = 5$ 以及 $n \in \{6,8,10\}$，$\varepsilon \in \{0.1,0.15,0.2,0.25\}$，当 ε 固定，n 分别取不同的值时，模拟实验Ⅰ′和Ⅱ″各运行 1000 次，得到 R, N, AD 的值。表 4-5 和 4-6 展示了相关的模拟结果。

表 4-5　模拟实验Ⅰ′中 R, N, AD 的值

n	6				8				10			
ε	0.1	0.15	0.2	0.25	0.1	0.15	0.2	0.25	0.1	0.15	0.2	0.25
R	0.007	0.668	0.974	0.998	0	0.466	0.946	0.999	0	0.368	0.951	0.997
N	7.611	5.34	3.712	2.666	8.224	5.858	4.156	3.001	8.577	5.979	4.294	3.141
AD	1.176	1.043	0.876	0.719	1.621	1.447	1.238	1.027	2.076	1.84	1.573	1.315

表 4-6　模拟实验Ⅱ′中 R, N, AD 的值

n	6				8				10			
ε	0.1	0.15	0.2	0.25	0.1	0.15	0.2	0.25	0.1	0.15	0.2	0.25
R	0.068	0.209	0.459	0.73	0.015	0.087	0.297	0.588	0.005	0.051	0.176	0.431

n	6				8				10			
N	20.139	13.64	9.099	6.601	29.471	20.676	12.955	7.147	38.046	24.435	15.764	9.903
AD	1.289	1.202	1.092	0.924	1.802	1.706	1.559	1.359	2.313	2.196	2.04	1.827

图 4.10～图 4.15 展示了和 4.5.1 的模拟实验 Ⅰ 和 Ⅱ 对比的结果。对比决策者间信任值是 1 或 0（定义 2.8），且没有信任传递的多属性群决策方法，得到的结论如下：

（1）本章提出的方法共识成功率 R 更高，这说明提出的方法可以提高决策效率。

（2）本章提出的方法达成共识需要的迭代次数 N 更少，这说明提出的方可以加快达成共识的收敛速度。

（3）本章提出的方法调整程度 AD 更少，结果表明我们提出的方法可以减少观点变更的损失。

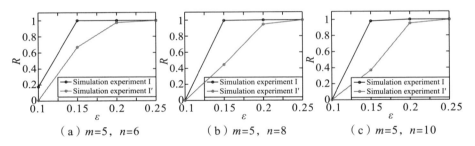

（a）$m=5$，$n=6$ （b）$m=5$，$n=8$ （c）$m=5$，$n=10$

图 4.10 模拟实验 Ⅰ 和 Ⅰ′ 中 R 的值

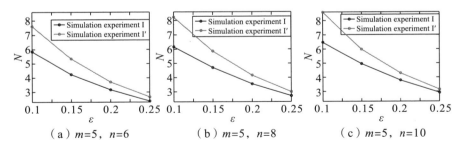

（a）$m=5$，$n=6$ （b）$m=5$，$n=8$ （c）$m=5$，$n=10$

图 4.11 模拟实验 Ⅰ 和 Ⅰ′ 中 N 的值

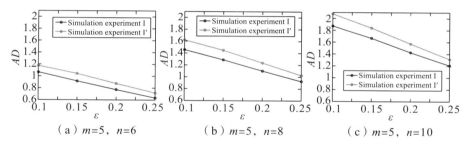

图 4.12　**模拟实验** Ⅰ **和** Ⅰ′**中** AD **的值**

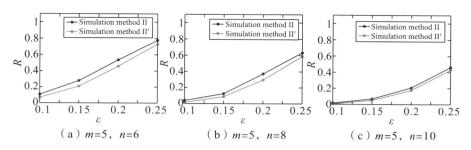

图 4.13　**模拟实验** Ⅱ **和** Ⅱ′**中** R **的值**

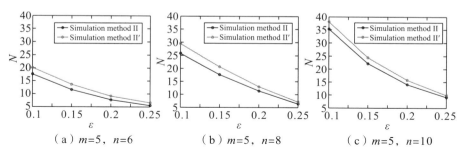

图 4.14　**模拟实验** Ⅱ **和** Ⅱ′**中** N **的值**

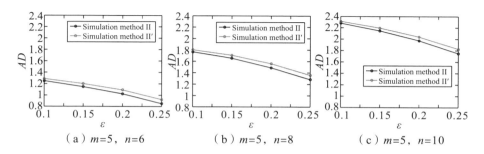

图 4.15　**模拟实验** Ⅱ **和** Ⅱ′**中** AD **的值**

第 5 章　基于有界信任和社交网络的大规模多属性群决策及应用

在第 4 章中，我们给出了基于 DeGroot 模型的多属性群决策方法，发现当决策者之间存在不确定的信任关系且相互传递时，可以提高群决策的效率。随着移动互联网的发展，越来越多的决策者参与其中，产生了大规模群决策，而共识达成过程是一种动态的、交互式的群决策达成过程。在这个过程中，决策者更愿意与他观点接近的决策者们进行观点的交流与沟通。如何在现有的社交网络下，利用决策者的观点差异性来帮助大群体决策者达成共识是我们需要研究的问题。基于此，本章提出了一种基于有界信任和社交网络的大规模群决策方法。该方法利用决策者的社交网络信任关系和决策者的有界信任来帮助决策者们达成共识，做出决策。

5.1　引言

决策事件发生在每个人的日常生活中，近几十年来，群决策在理论和实践领域取得了许多成果。随着信息时代的发展和群体规模的增大，观点的多样性也随之显现，这就产生了大规模群决策（Palomares 等，2013；Wu 和 Xu，2018；Liu 和 Zhou 等，2019）。关于大规模群体决策者的参与人数，Xu 等（2015）和 Zhang 等（2017）认为至少有 11 个决策者参与的活动才能称为大群体决策，而其他学者认为参与决策的人数至少应该有 20 个（Liu 等，2015；Ding 等，2020）。大规模群决策不同于传统群决策的显著特点是其决策者的数量要大的多，因此降低决策者的规模对于大规模群决策问题有重要的意义。聚类分析是降低决策者维数中应用最广泛的方法，目的是将数据模式划分为子集，把类似的数据划分在一起，聚类分析通常应用于图像处理、数据挖掘和统计决策等领域。聚类分析的主要作用有两点：①它可以降低大规模群决策问题的复杂度和成本；②它可以帮助我们找到共同的观点模式，例如观点相似的群体。Zhang 等（2017）提出了大规模群决策中异构信息的共识达成过程模型，并提出了将决策者划分为若干类的选择过程。Wu 和 Xu（2018）在大规模群决策中提出了交互共识模型，并使用 $k-$ 均值聚类方法将大群体划分为若干子类。Xu 等（2018）提出了一个基于自组织映射的大规模群决策中的两阶段共识达成过程模型，将大群体划分为不同的子群体。Xu 等（2019）利用向量空间聚类方法设计了基于信任一致性的模型，用于解决大规模群决策中的非合作行为来达成共识。此外，一些学者提出了基于决策者观点的相似性或差异性方法研究大规模群决策问题。Wu 等（2019b）基于模糊偏好关系的相似性首先构建共识矩阵，然后使用社区检测方法分析共识达成过程。Chu 等（2020）提出了一个基于模糊聚类方法的两阶段共识达成过程模型，使得子聚类在大规模群决策中达成一致，这些已知的群体互动共识模型没有考虑群体中决策者的信任关系，因此不适用于解决社交网络框架中的群决策问题。

随着社交媒体的发展，决策者们可以在社交网络中传递信息、相互交流并受到他人的影响。在解决社交网络框架中的群决策问题中时，应该考虑决策者之间的关系（Wasserman 和 Faust，1994）。Wu 和 Liu 等（2018）开发了一种新的区间 Ⅱ 型模糊 TOPSIS 模型，用于处理基于社交网络的大规模群决策问题。陈晓红等（2020）首先根据决策者的社交网络关系，利用 louvain 算法将大规模群体划分为小规模群体，结合一致性和犹豫水平，根据社交网络分析确定出小规模群体的权重，利用提出的群决策方法得到方案的排序，最后用生态安全的相关案例来说明提出方法的有效性。当考虑社交网络下的共识达成过程时，Liu 和 Zhou 等（2019）在构建完整的社交网络矩阵后，提出了基于决策中冲突检测和消除的模型，促进决策者们达成共识。Tian 等（2019）利用社交网络中的信任传播和信任聚合方法构建完整的社交网络矩阵，目的是帮助大规模群体更好的达成共识。徐选华和张前辉（2020）开展了社交网络下基于共识的大群体决策研究，主要涉及决策者的非合作行为。Li 和 Wei（2020）首先使用信任传播和信任集结构建了完整的社交网络矩阵，然后利用意见领袖领的影响力设计了共识达成过程框架，以改变他人的观点并达成群体共识。Xu 等（2020）提出了大规模群决策中的共识达成过程模型，用于考虑社交网络中的关系和基于模糊集的偏好风险。

在大规模群决策中，决策者可能具有不同的背景和代表不同的兴趣，他们通常拥有不同的地位、专长和教育。决策者们在大规模群决策中可能存在比传统群决策更复杂的行为。当决策者的观点表达形式为语言信息时，王伟明等（2020）研究了社交网络下的交互式大规模群体评价方法。当决策者的观点表达形式为区间模糊数时，徐选华等（2015）考虑到决策过程不应该只考虑某一阶段而应考虑多阶段的评估信息，研究了多阶段冲突型大群体应急决策方法。

同时，随着观点演化模型的普及，许多学者开始使用有界信任模型来构建反馈机制，帮助决策者在大规模群决策中达成共识，有界信任模型有两个经典模型：HK 模型（Hegselmann 和 Krause，2002）和 DW 模型（Weisbuch 等，2002）。Zha 等（2019b）提出了一种基于有界信任度的大规模群决策反馈机制，帮助决策者们达成共识。Liang 等（2019）在大规模群决策中提出了一个基于有界信任的共识达成过程模型，该模型考虑了时间约束和最小调整。

虽然前面已经介绍了很多关于大规模群决策的相关工作，有一些问题仍没有得到解决：①有界信任模型表示如果决策者之间的观点差异小于或等于某个阈值，那么决策者们的观点是相互影响的；②社交网络可以反映决策者之间是否存在信任关系，如果决策者信任其他决策者，那么他的观点就受到其他决策者的影响。而现有大规模群决策的相关文献没有同时使用观点的差异性和社交网络来研究大规模群决策问题，因此如何利用有界信任和社交网络来处理大群体决策行为是我们要解决的问题。

基于此，本章提出了一种基于有界信任和社交网络的大规模群决策共识达成方法。该方法从社交网络关系和观点差异性两个方面研究群体共识，并建立反馈机制帮助决策者达成共识。本章的创新之处如下：①当涉及大规模群决策问题时，采用了基于 Fast Unfolding 算法来对大规模群体进行降维处理，目的是把连接较为紧密的决策者划分成一个子网；②决策者的观点不仅会受到他信任的决策者的影响，还会受到与他观点较近的决策者的影响。

基于上述对大规模群决策方法的分析，本章的内容安排如下：5.2 节介绍了社区划分方法、决策者权重确定的方法和 HK 模型；5.3 节给出了本章提出的基于有界信任和观点演化的大规模群共识模型；5.4 节给出了企业管理中供应商选择背景下的算例分析；5.5 节是本章提出方法与其他方法的对比分析。

5.2 相关定义和法则

根据 2.4 部分的定义 2.7 和定义 2.8 的介绍，社交网络图里的节点代表决策者，社交网络图里的边代表决策者之间的信任关系。假设 $E = \{e_1, e_2, \cdots, e_n\}, n \geqslant 2$ 表示有限个决策者的集合，$X = \{x_1, x_2, \cdots, x_m\}, m \geqslant 2$ 是备选方案的集合，$C = \{c_1, c_2, \cdots, c_q\}, q \geqslant 2$ 是备选方案属性的集合，$\bar{\omega} = \{\bar{\omega}_1, \bar{\omega}_2 \cdots, \bar{\omega}_q\}$ 是属性的权重集合，$\boldsymbol{V}^{(h,t)} = (v_{ij}^{(h,t)})_{m \times q}, v_{ij}^{(h,t)} \in [0,1]$ 表示决策

者 e_h 在 t 时刻对第 i 个方案第 j 个指标的决策矩阵。把 n 个决策者划分成 K 个子网时，每个子网用 $C_\gamma(\gamma = 1, 2, \cdots, K)$ 表示，其中 n_γ 表示子网 C_γ 里决策者的人数。

5.2.1　社区划分方法

随着互联网的发展，越来越多的决策者参与决策过程。当决策者人数众多时，达成共识的难度会加大。聚类方法是将大规模群体划分为若干小的子网，其目的是降低计算复杂度，常用的聚类方法如下：k − 均值、模糊 c − 均值、灰色聚类等。这些方法没有充分利用决策者的社交网络关系来进行聚类分析。

Blondel 等（2008）提出了一种基于多级贪婪分层合并的 FastUnfolding 算法，该算法被公认为执行速度最快、精度最高的非重叠社区发现算法之一。因为每个社交网络的规模和特征不同，所以不用确定社区的数量，只需根据社交网络本身的特殊性按社区划分即可。基于此，应该有一种测量方法来测量在计算过程中每个结果是否相对最优。为了给 FastUnfolding 算法制定一个可测量的标准，提出了"模块化"的概念。比较好的结果是，社区内节点的相似性较高，而社区外节点的相似性较低。比较理想的情况是，社区内节点的连接更紧密，而社区外节点的连接更松散。FastUnfolding 算法是一种基于模块化和自底向上聚合的社区划分算法（见算法 5.1）。

算法 5.1：社交网络里 FastUnfolding 算法的主要步骤

输入：n 个节点的社交网络图。

输出：每个子网 $C_\gamma(\gamma = 1, 2, \cdots, K)$ 的具体节点。

第一步：根据定义 2.7 和定义 2.8 的介绍，将社交网络图初始化，把所有节点划分为不同的社区。

第二步：对于每个节点，尝试将每个节点 v_i 划分为相邻节点所在的社区，根据式（5−1）计算此时的模块度 Q，根据式（5−2）判断加入节点后的模块度变化，如果变化是正数，则接受当前的改变，反之则放弃当前的改变：

$$Q = \frac{1}{2S} \sum_{i,j} \left[A_{ij} - \frac{k_i k_j}{2s} \right] \delta(C_i, C_j) \tag{5−1}$$

式中，s 表示社交网络中边的个数，$\boldsymbol{A}$ 表示邻接矩阵，$k_i = \sum_j A_{ij}$，C_i 表示节点 v_i 所在的社区，如果节点 v_i 和 v_j 属于同一个社区则 $\delta(C_i, C_j) = 1$，否则 $\delta(C_i, C_j) = 0$。

$$\Delta Q = \left[\frac{\sum_{in} + k_{i,in}}{2s} - \left(\frac{\sum_{tot} + k_i}{2s} \right)^2 \right] - \left[\frac{\sum_{in}}{2s} - \left(\frac{\sum_{tot}}{2s} \right)^2 - \left(\frac{k_i}{2s} \right)^2 \right]$$

$$= \frac{1}{2s} \left(k_{i,in} - \frac{\sum_{tot} k_i}{s} \right) \tag{5−2}$$

式中，$\sum_{in}$ 表示社区 C 的所有权重，$\sum_{tot}$ 表示连接到社区 C 节点的边的权重，包含社区内部的边缘和社区外部的边，$k_{i,in}$ 表示社区 C 内节点 v_i 的所有权重，k_i 表示节点 v_i 的所有权重。

第三步：重复以上步骤，直到模块度不再增加为止。

第四步：构造一个新的社交网络图。新社交网络图里的每个节点代表第三步中得到的每个社区。继续重复第二步和第三步，直到社区结构不再改变为止。

第五步：当社区结构不再改变时，对应的每个社区就认为是一个子网，输出子网 C_γ（$\gamma = 1,2,\cdots,K$）。

第六步：结束。

5.2.2　决策者权重的确定

当把大规模群体划分为若干个小的子网后，需要确定子网内每个节点的权重。在社交网络中，节点度（简称度）是一个节点与其他节点信任关系的总和，代表了节点的重要性。接近中心度是节点与其他节点之间距离的总和，反映了节点与其他节点之间的亲密度。节点的相关信息取决于其权力、信任关系和其影响力，因此可以根据节点的中心度和接近中心度来确定其权重。

定义 5.1　（节点的入度）（in－degree centrality）（Bondy 和 Murty，1976）节点 v_i 的入度是社交网络中指向该节点的其他节点的个数，即该节点得到的直接关系数。

$$d_+(v_i) = \sum_k a_{ki} \tag{5-3}$$

定义 5.2　（节点的出度）（out－degree centrality）（Bondy 和 Murty，1976）节点 v_i 的出度是社交网络中该节指向其他节点的个数，即从该节点直接出发的关系数。

$$d_-(v_i) = \sum_j a_{ij} \tag{5-4}$$

如果某节点的度数最高，则说明该节点位于网络的中心，拥有权力。

定义 5.3　（综合度）综合度表示节点 v_i 的出度和入度的总和。

$$C_d(v_i) = d_+(v_i) + d_-(v_i) \tag{5-5}$$

节点的影响力除了用节点度来刻画之外，还有一个指标就是"接近中心性"，它表示节点 v_i 越是与其他节点接近，该节点就更容易传递信息，其定义如下：

定义 5.4　（接近中心度）（closeness centrality）（Sabidussi，1966）节点 v_i 的接近中心度表示从节点 v_i 到其他节点的距离之和。

$$C_c(v_i) = \frac{1}{\sum_{i \neq j} dist(v_i, v_j)} \qquad (5-6)$$

式中，$v_i, v_j \in V$，$dist(v_i, v_j)$ 表示从节点 v_i 到其他节点的距离，从节点 v_i 到其他节点的路径越短，代表节点 v_i 到其他节点的距离就越近。下面，给出决策者权重的确定方法（见算法 5.2）。

算法 5.2：基于社交网络分析确定决策者的权重

输入：n 个节点的社交网络图。

输出：每个子网内的节点权重。

第一步：运用定义 5.1～5.4，通过社交网络分析求出每个节点的入度、出度和接近中心度；

第二步：对节点 v_i 的度和接近中心度归一化如下：

$$C_d'(v_i) = \frac{C_d(v_i)}{\sum_{i=1}^{n} (C_d(v_i))} \qquad (5-7)$$

$$C_c'(v_i) = \frac{C_c(v_i)}{\sum_{i=1}^{n} (C_c(v_i))} \qquad (5-8)$$

第三步：根据上面的两类指标，得到：

$$\bar{\omega}_i = \frac{C_c'(v_i) + C_d'(v_i)}{2} \qquad (5-9)$$

第四步：子网 $C_\gamma(\gamma = 1, 2, \cdots, K)$ 中节点 v_i 的权重是：

$$w_i^y = \frac{\bar{\omega}_i}{\sum_{j \in C_\gamma} \bar{\omega}_j (C_c(v_i))} \qquad (5-10)$$

第五步：结束。

定义 5.5　（Xu 等，2019）子网 $C_\gamma(\gamma = 1, 2, \cdots, K)$ 的权重 $\boldsymbol{\lambda} = \{\lambda_1, \lambda_2, \cdots, \lambda_K\}^{\mathrm{T}}$ 可以通过下式获得：

$$\lambda_\gamma = \frac{Num^2(C_\gamma)}{\sum Num^2(C_\gamma)} \qquad (5-11)$$

式中，$Num(C_\gamma)$ 代表子网 $C_\gamma(\gamma = 1, 2, \cdots, K)$ 中决策者的数量，$0 \leqslant \lambda_\gamma \leqslant 1(\gamma = 1, 2, \cdots, K)$ 且 $\sum_{\gamma=1}^{K} \lambda_\gamma = 1$。

5.2.3　HK 模型

在大规模群体中，决策者需要经过反复的讨论和更改自己的观点才能达成共识，做出决策。基于距离函数的共识测度在共识达成过程中非常重要（Chiclana 等，2001；Herrera－Viedma 等，2014），如余弦函数、曼哈顿距离函数和欧式距离函数。本章采用曼哈顿距离函数，这也是最常用的距离函数之一。用 $\boldsymbol{V}^{(h,t)} = (v_{ij}^{(h,t)})_{m \times q}$，$\boldsymbol{V}^{(k,t)} = (v_{ij}^{(k,t)})_{m \times q}$ 分别表示决策者 e_h 和决策者 e_k 在 t 时刻对第 i 个方案第 j 个指标的决策矩阵，基于曼哈顿距离的 $d(\boldsymbol{V}^{(h,t)}, \boldsymbol{V}^{(k,t)})$ 表示如下：

$$
\begin{aligned}
d(\boldsymbol{V}^{(h,t)}, \boldsymbol{V}^{(k,t)}) &= \frac{1}{m \times q} \sum_{i=1}^{m} \sum_{j=1}^{q} \left| \boldsymbol{V}^{(h,t)} - \boldsymbol{V}^{(k,t)} \right| \\
&= \frac{1}{m \times q} \sum_{i=1}^{m} \sum_{j=1}^{q} \left| \boldsymbol{V}^{(h,t)} - \boldsymbol{V}^{(k,t)} \right|
\end{aligned}
\tag{5-12}
$$

随着观点动力学的发展，许多决策者将会受到与他本人的观点差异在某个有界信任范围内的其他决策者的影响（Zha 等，2019a；Zha 等，2019b），基于此，我们介绍关于多属性决策矩阵的 HK 模型，其中 ε_h 代表决策者 e_h 的有界信任值。

第一步：识别出决策者 e_h 的有界信任集合：

$$
I_h = \{e_k(k \neq h) \in C_\gamma \mid d(\boldsymbol{V}^{(h,t)}, \boldsymbol{V}^{(k,t)}) \leqslant \varepsilon_h\}
\tag{5-13}
$$

第二步：计算影响权重：

$$
w_{hk}(t) = \begin{cases} \dfrac{1}{\# I_h}, e_k \in I_h \\ 0, e_k \notin I_h \end{cases} (h = 1, 2, \cdots, n; t = 0, 1, \cdots)
\tag{5-14}
$$

很明显，$w_{hk}(t) \geqslant 0$，$\sum_{k=1}^{n} w_{hk}(t) = 1$。

第三步：决策者 e_h 在 $t+1$ 时刻的观点演化情况：

$$
\boldsymbol{V}^{(h,t+1)} = \frac{\sum_{e_k \in I_h} \boldsymbol{V}^{(k,t)}}{\# I_h} = w_{h1}\boldsymbol{V}^{(1,t)} + w_{h2}\boldsymbol{V}^{(2,t)} + \cdots + w_{hn}\boldsymbol{V}^{(n,t)} (h = 1, 2, \cdots, n)
\tag{5-15}
$$

5.3 基于有界信任和观点演化的大规模群共识模型

前面已经介绍了把大规模群体划分为小规模群体的方法，下面介绍利用有界信任和社交网络来促进大规模群体达成共识，相关框架图如图 5.1 所示。

根据图 5.1，该框架主要包括社交网络分析、共识达成和选择 3 个过程。

（1）社交网络分析。根据算法 5.1，把社交网络里的 n 个决策者划分为 K 个子网。根据决策者的入度、出度和接近中心性来获得子网 C_γ 的权重 λ_γ 和子网 C_γ 里决策者 e_h 的权重 w_h^γ（算法 5.2）。

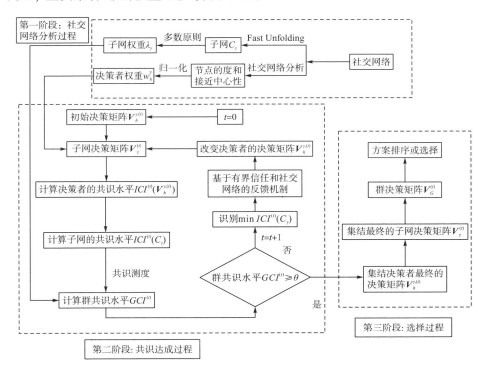

图 5.1 本章框架图

（2）共识达成。根据初始决策矩阵得到初始群共识水平 GCI^t。如果 $GCI^t \geqslant \theta$，表明所有决策者达成共识；否则识别出共识阈值最小的子网 C_γ，令 $t = t + 1$，构建基于社交网络和有界信任的反馈机制来改变阈值最小的子网里决策者的观点。重复这个步骤，直到 $GCI^t \geqslant \theta$。

（3）选择。当 $GCI^t \geqslant \theta$，意味着决策者们达成共识，通过集结所有决策者的最终决策矩阵，得到群决策矩阵 $\boldsymbol{V}_G^{(t)}$。根据备选方案的指标权重 $\bar{\omega}_j$ 获得最终方案的排名。

5.3.1　共识达成过程

下面，我们具体地介绍共识达成过程：

我们用 $\boldsymbol{V}_h^{\gamma,(t)} = (v_{ij}^{h,\gamma,t})_{m \times q}$ 和 $\boldsymbol{V}_k^{\gamma,(t)} = (v_{ij}^{k,\gamma,t})_{m \times q}$ 分别表示子网 C_γ 里决策者 e_h 和决策者 e_k 在 t 时刻对第 i 个方案第 j 个指标的观点，那么集结 t 时刻子网 C_γ 里的每个决策者的观点就是子网 C_γ 的决策矩阵 $\boldsymbol{V}_\gamma^{(t)}$，即

$$\boldsymbol{V}_\gamma^{(t)} = \sum_{h=1}^{n_\gamma} w_h^\gamma \boldsymbol{V}_h^{\gamma,(t)} = \sum_{h=1}^{n_\gamma} w_h^\gamma v_{ij}^{h,\gamma,(t)} \tag{5-16}$$

集结 t 时刻所有子网的决策矩阵就是群决策矩阵 $\boldsymbol{V}_G^{(t)}$：

$$\boldsymbol{V}_G^{(t)} = \sum_{\gamma=1}^{K} \lambda_\gamma \boldsymbol{V}_\gamma^{(t)} = \sum_{\gamma=1}^{K} \lambda_\gamma \left(\sum_{h=1}^{n_\gamma} w_h^\gamma \boldsymbol{V}_h^{\gamma,(t)} \right) = \sum_{\gamma=1}^{K} \lambda_\gamma \left(\sum_{h=1}^{n_\gamma} w_h^\gamma v_{ij}^{h,\gamma,(t)} \right) \tag{5-17}$$

根据式（5-16）和式（5-17）可以得到决策者的共识水平、子网的共识水平和群共识水平。

（1）决策者的共识水平。在 t 时刻决策者 e_h 的共识水平定义为：

$$ICI(\boldsymbol{V}_h^{\gamma,(t)}) = 1 - d(\boldsymbol{V}_h^{\gamma,(t)}, \boldsymbol{V}_\gamma^{(t)}) \tag{5-18}$$

（2）子网的共识水平。在 t 时刻子网 C_γ 的共识水平定义为：

$$ICI^{(t)}(C_\gamma) = \sum_{h=1}^{n_\gamma} w_h^\gamma ICI(\boldsymbol{V}_h^{\gamma,(t)}) \tag{5-19}$$

（3）群共识水平。在 t 时刻的群共识水平定义为：

$$GCI^{(t)} = \sum_{\gamma=1}^{K} \lambda_\gamma \cdot ICI^{(t)}(C_\gamma) = \sum_{\gamma=1}^{K} \lambda_\gamma \left[\sum_{h=1}^{n_\gamma} w_h^\gamma ICI(\boldsymbol{V}_h^{\gamma,(t)}) \right] \tag{5-20}$$

接下来采用共识阈值 θ 来判断每个子网是否达成共识。如果 $GCI^{(t)} \geqslant \theta$，说明所有决策者达成共识，并做出决策，否则代表决策者无法达成共识，需要通过反馈机制调整其观点。

5.3.2　反馈机制

当 $GCI^{(t)} < \theta$，意味着决策者们无法达成共识，因此，需要选取那些与群

共识水平差别更大的子网来调整他们的观点。当考虑基于有界信任和社交网络的反馈机制时，基本思路如下：

给出每个决策者 e_h 的有界信任值 ε_h 和自信任值 β_h。同一个子网 C_γ 里，决策者 e_h 的有界信任集合为 $I_h = \{e_k(k \neq h) \in C_\gamma \mid d(\boldsymbol{V}_h^{\gamma,(t)}, \boldsymbol{V}_k^{\gamma,(t)}) \leqslant \varepsilon_h\}$，而决策者 e_h 信任的决策者集合用 A_h，其中 $A_h = \{e_k \mid a_{hk} = 1\}$，令 $T_h = \{I_h \cap A_h\}$。

当识别出最小共识水平的子网 C_γ 时，子网 C_γ 里的所有决策者都需要改变他们的观点，直到达成共识为止。可能会有下面两种情况：

（1）$T_h \neq \varnothing$，说明存在一些决策者既和决策者 e_h 的观点差异在有界信任范围内，又被决策者 e_h 信任。因此决策者 e_h 的观点在一定程度上坚持自己的观点外，受到集合 T_h 里所有决策者的影响，其中 $e_k \in T_h$：

$$\boldsymbol{V}_h^{\gamma,(t+1)} = \beta_h \cdot \boldsymbol{V}_h^{\gamma,(t)} + \sum_k \frac{(1-\beta_h)}{\sharp I_h} \cdot \boldsymbol{V}_k^{\gamma,(t)} \tag{5-21}$$

（2）$T_h = \varnothing$，会有下面三种情况：

① $A_h \neq \varnothing$，说明在子网 C_γ 里决策者 e_h 信任其他决策者，此时决策者 e_h 除了在一定程度上坚持自己的观点外，只受到集合 A_h 里共识水平最高的决策者的影响：

$$\boldsymbol{V}_h^{\gamma,(t+1)} = \beta_h \cdot \boldsymbol{V}_h^{\gamma,(t)} + (1-\beta_h) \cdot \arg \max_{e_k \in A_h} ICI(\boldsymbol{V}_k^{\gamma,(t)}) \tag{5-22}$$

② $A_h = \varnothing$，$I_h \neq \varnothing$，表示在子网 C_γ 里决策者 e_h 不信任其他决策者，但决策者 e_h 又与其他决策者的观点差异在有界信任范围内，因此决策者 e_h 除了在一定程度上坚持自己的观点外，只受到有界信任集合 I_h 里共识水平最高的决策者的影响：

$$\boldsymbol{V}_h^{\gamma,(t+1)} = \beta_h \cdot \boldsymbol{V}_h^{\gamma,(t)} + (1-\beta_h) \cdot \arg \max_{e_k \in I_h} ICI(\boldsymbol{V}_k^{\gamma,(t)}) \tag{5-23}$$

③ $A_h = \varnothing$ 且 $I_h = \varnothing$，表示在子网 C_γ 里决策者 e_h 不信任其他决策者，而且决策者 e_h 与其他决策者观点差异也不在有界信任范围内，此时如果想改变决策者 e_h 的观点，我们需要先找出一个中介决策者 e_p，其中决策者 e_p 满足 $\boldsymbol{V}_p^{\gamma,(t)} = \arg \max_{e_k \in C^\gamma} ICI(\boldsymbol{V}_k^{\gamma,(t)})$，然后令 $\boldsymbol{V}_q^{\gamma,(t)} = \boldsymbol{V}_h^{\gamma,(t)} + \frac{\varepsilon_h}{d(\boldsymbol{V}_h^{\gamma,(t)}, \boldsymbol{V}_p^{\gamma,(t)})}(\boldsymbol{V}_p^{\gamma,(t)} - \boldsymbol{V}_h^{\gamma,(t)})$，此时 $d(\boldsymbol{V}_q^{\gamma,(t)}, \boldsymbol{V}_h^{\gamma,(t)}) = \varepsilon_h$，则：

$$\boldsymbol{V}_h^{\gamma,(t+1)} = \beta_h \cdot \boldsymbol{V}_h^{\gamma,(t)} + (1-\beta_h) \cdot \boldsymbol{V}_q^{\gamma,(t)} \tag{5-24}$$

共识过程是一个反复迭代和反馈机制调整的过程，其目的是提高共识水平。在初始时刻 $t = 0$，如果 $GCI^{(t)} < \theta$，首先需要识别 $\min\{ICI^t(C_\gamma)\}$，令 $t = t + 1$，根据反馈机制来修改共识水平最小的子网里的决策者的观点，直到 $GCI^{(t)} \geqslant \theta$ 为止。

5.3.3 选择过程

当 $GCI^{(t)} \geqslant \theta$ 时，说明决策者们达成共识，可以做出决策。根据最终的群决策矩阵，得到所有决策者对第 i 个方案的评估值：

$$D(x_i) = \sum_{j=1}^q \tilde\omega_j V_G^{(t)} = \sum_{j=1}^q \tilde\omega_j \Big(\sum_{\gamma=1}^K \lambda_\gamma V_\gamma^{(t)} \Big) = \sum_{j=1}^q \tilde\omega_j \Big[\sum_{\gamma=1}^K \lambda_\gamma \Big(\sum_{h=1}^{n_\gamma} w_h^\gamma V_h^{\gamma,(t)} \Big) \Big]$$

$$(5-25)$$

如果 $D(x_i) > D(x_j)$，则 $x_i \succ x_j$。

因此整个决策过程的主要步骤如下。

第一步：把大规模群体划分为小规模的子网。

根据社交网络图，利用算法 5.1 把大规模群体划分成小规模的子网，把 n 个决策者划分成 K 个子网。

第二步：确定大规模群体的基本元素。

假设方案的集合为 $X = \{x_1, x_2, \cdots, x_m\}$，指标的集合为 $A = \{a_1, a_2, \cdots, a_q\}$，指标的权重集合为 $\tilde\omega = \{\tilde\omega_1, \tilde\omega_2 \cdots, \tilde\omega_q\}$。当把大规模群体转化成小规模子网 C_γ 时，在初始时刻 $t = 0$ 时，子网 C_γ 里决策者 e_h 的初始决策矩阵为 $V_h^{\gamma,(t)} = (v_{ij}^{h,\gamma,t})_{m \times q}$，决策者的有界信任值的集合为 $\varepsilon = \{\varepsilon_1, \varepsilon_2, \cdots, \varepsilon_n\}$，自信任值集合为 $\beta = \{\beta_1, \beta_2 \cdots, \beta_n\}$，共识阈值 θ。

第三步：获得子网和决策者的权重。

根据多数原则获得子网的权重 λ_γ。根据算法 5.2 确定决策者 e_h 的权重 w_h^γ。

第四步：集结初始时刻 $t = 0$ 时子网 C_γ 里决策者的决策矩阵 $V_h^{\gamma,(t)}$，得到子网的决策矩阵 $V_\gamma^{(t)}$，集结子网的决策矩阵 $V_\gamma^{(t)}$ 得到群决策矩阵 $V_G^{(t)}$。根据式（5-18）~式（5-20），计算出决策者的共识水平 $ICI(V_h^{\gamma,(t)})$，子网的共识水平 $ICI^{(t)}(C_\gamma)$，群共识水平 $GCI^{(t)}$。

第五步：运用反馈机制来调整决策者的决策矩阵。

识别出 $\min\{ICI^t(C_\gamma)\}$，然后令 $t = t + 1$，根据反馈机制来修改共识水平最小的子网里的决策者的观点，直到 $GCI^{(t)} \geqslant \theta$ 为止。

第六步：选择合适的方案。

通过式（5-25）可以得到大规模群体关于方案的排序，从而选取最大值 $D(x_i)$ 对应的方案 x_i。

5.4 算例分析

在供应商的选择中，随着供应商的数量增加，可供选择的供应商也变得越来越多，需要采购部、品质部、研发工程部、仓储等部门的相关人员参与，不同人员由于其背景、受教育水平的不同给出的评估信息也是具有多样性的，为了更加客观地对供应商做出评价，我们选取 20 个左右的专家来参与决策。

现有一家服装公司需要为他们公司的生产选择合适的材料。有 4 种材料可供选择，即人造丝植绒（x_1）、PVC 植绒（x_2）、针织布植绒（x_3）、牛仔裤植绒（x_4）。从以下 3 个属性进行评估：美观性（c_1）、便利性（c_2）和舒适性（c_3），对应的指标权重集合为 $\bar{\omega} = (0.25, 0.5, 0.25)^{\mathrm{T}}$。公司各部门共抽调 25 个决策者来参与决策，这 25 个决策者观点的有界信任值集合为 $\varepsilon = (0.1, 0.1, 0.35, 0.1, 0.35, 0.4, 0.36, 0.36, 0.35, 0.4, 0.4, 0.3, 0.4, 0.15, 0.4, 0.4, 0.38, 0.15, 0.4, 0.4, 0.15, 0.15, 0.1, 0.1, 0.38)^{\mathrm{T}}$，25 个决策者的自信任值集合 $\beta = (0.5, 0.7, 0.6, 0.8, 0.8, 0.6, 0.8, 0.7, 0.5, 0.5, 0.7, 0.6, 0.8, 0.8, 0.6, 0.8, 0.7, 0.5, 0.6, 0.8, 0.7, 0.6, 0.6, 0.8, 0.6)^{\mathrm{T}}$。

给定共识阈值 θ 为 0.8，每个决策者的初始观点见 Xu 等（2018）的附录 B。

第一步：运用算法 5.1 把初始社交网络图（见图 5.2）划分为 3 个子网（见图 5.3），得到的具体结果见表 5-1。

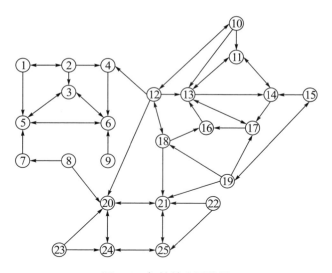

图 5.2 初始社交网络图

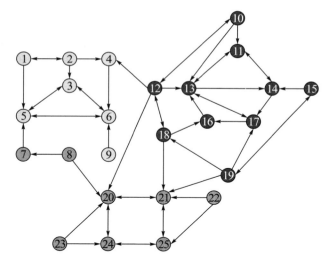

图 5.3 降维后的社交网络图

表 5-1 降维处理后得到的子网

子网的名称	对应的颜色	决策者
C_1	绿色	$\{e_1,e_2,e_3,e_4,e_5,e_6,e_9\}$
C_2	紫色	$\{e_{10},e_{11},e_{12},e_{13},e_{14},e_{15},e_{16},e_{17},e_{18},e_{19}\}$
C_3	红色	$\{e_7,e_8,e_{20},e_{21},e_{22},e_{23},e_{24},e_{25}\}$

第二步：确定子网和决策者的权重。

首先利用定义 5.5 求得子网的权重，再利用算法 5.2 确定出决策者的权重，具体的结果见表 5-2～表 5-4。

表 5-2　子网 C_1 里每个决策者的权重

w_1^1	w_2^1	w_3^1	w_4^1	w_5^1	w_6^1	w_9^1
0.11	0.135	0.18	0.108	0.195	0.195	0.077

表 5-3　子网 C_2 里每个决策者的权重

w_{10}^2	w_{11}^2	w_{12}^2	w_{13}^2	w_{14}^2	w_{15}^2	w_{16}^2	w_{17}^2	w_{18}^2	w_{19}^2
0.078	0.103	0.123	0.156	0.11	0.059	0.08	0.11	0.091	0.09

表 5-4　子网 C_3 里每个决策者的权重

w_7^3	w_8^3	w_{20}^3	w_{21}^3	w_{22}^3	w_{23}^3	w_{24}^3	w_{25}^3
0.88	0.076	0.176	0.176	0.095	0.095	0.059	0.08

第三步：计算初始时刻 $t=0$ 时决策者的共识水平，子网的共识水平和群共识水平。

令 $t=0$，初始决策矩阵 $\boldsymbol{V}_h^{\gamma,(t)} = (v_{ij}^{h,\gamma,t})_{4\times3}(h=1,2,\cdots,25)$，通过式 (5-19)，可以获得子网的共识水平，其中 $ICI^{(0)}(C_1)=0.743,ICI^{(0)}(C_2)=0.679,ICI^{(0)}(C_3)=0.689$ 和 $GCI^{(0)}=0.697$。共识阈值 θ 设为 $0.8,GCI^{(0)}<\theta$，需要运用反馈机制来构建决策者的决策矩阵。

第四步：决策者运用反馈机制改变自己的观点。

第一轮：识别出 $\min\limits_{\gamma} ICI^{(0)}(C_\gamma)=ICI^{(0)}(C_2)$，意味着在子网 C_2 里的所有决策者需要修改他们的观点，其中 $C_2=\{e_{10},e_{11},e_{12},e_{13},e_{14},e_{15},e_{16},e_{17},e_{18},e_{19}\}$，根据前面 5.2.2 节介绍的反馈机制，以 e_{10},e_{12},e_{13} 为例：

（1）$\beta_{10}=0.5,\varepsilon_{10}=0.4$，可以得到 $I_{10}=\{e_{11},e_{13},e_{15},e_{16},e_{17},e_{19}\},A_{10}=\{e_{11},e_{12},e_{13}\},T_{10}=\{e_{11},e_{13}\}$。决策者 e_{10} 在 $t=1$ 时的观点是受到 $t=0$ 时他本身和集合 T_{10} 里决策者 e_{11} 和决策者 e_{13} 的影响：

$$\boldsymbol{V}_{10}^{2,(1)} = \beta_{10}\cdot\boldsymbol{V}_{10}^{2,(0)}+\frac{(1-\beta_{10})}{2}\cdot\boldsymbol{V}_{11}^{2,(0)}+\frac{(1-\beta_{10})}{2}\cdot\boldsymbol{V}_{13}^{2,(0)}$$

（2）$\beta_{12}=0.6,\varepsilon_{12}=0.3$，可以得到 $I_{12}=\varnothing,A_{12}=\{e_{10},e_{13},e_{18}\},T_{12}=$

$\varnothing$，决策者 e_{12} 在 $t = 1$ 时的观点是受到 $t = 0$ 时他本身和集合 A_{12} 里共识水平最大的决策者的影响：

$$\boldsymbol{V}_{12}^{2,(1)} = \beta_{12} \cdot \boldsymbol{V}_{12}^{2,(0)} + (1 - \beta_{12}) \cdot \arg \max_{e_k \in A_{12}} ICI(\boldsymbol{V}_k^{2,(0)})$$

（3）$\beta_{13} = 0.8, \varepsilon_{13} = 0.4$，可以得到 $I_{13} = \{e_{10}, e_{15}, e_{18}\}$，$A_{13} = \{e_{11}, e_{14}, e_{17}\}$，$T_{13} = \varnothing$。决策者 e_{13} 在 $t = 1$ 时的观点是受到 $t = 0$ 时他本身和集合 A_{13} 里共识水平最高的决策者的影响：

$$\boldsymbol{V}_{13}^{2,(1)} = \beta_{13} \cdot \boldsymbol{V}_{13}^{2,(0)} + (1 - \beta_{13}) \cdot \arg \max_{e_k \in A_{13}} ICI^{(0)}(\boldsymbol{V}_k^{2,(0)})$$

通过以上分析，我们得到 $t = 1$ 时子网 C_2 的共识水平 $ICI^{(1)}(C_2) = 0.791$，此时 $ICI^{(0)}(C_1) = 0.743, ICI^{(0)}(C_3) = 0.689, GCI^{(1)} = 0.749 < \theta$，继续运用反馈机制改变决策者的观点。

第二轮：识别出 $\min_{\gamma} ICI^{(1)}(C_\gamma) = ICI^{(1)}(C_3)$，意味着在子网 C_3 里的所有决策者需要修改他们的观点，其中 $C_3 = \{e_7, e_8, e_{20}, e_{21}, e_{22}, e_{23}, e_{24}, e_{25}\}$。根据前面 5.2.2 节介绍的反馈机制，以 e_7, e_8, e_{20} 为例：

（1）$\beta_7 = 0.8, \varepsilon_7 = 0.36$，可以得到 $I_7 = \{e_8\}$，$A_7 = \varnothing$，$T_{13} = \varnothing$。决策者 e_7 在 $t = 2$ 时的观点是受到 $t = 1$ 时他本身和集合 I_7 里决策者 e_8 的影响：

$$\boldsymbol{V}_7^{3,(2)} = \beta_7 \cdot \boldsymbol{V}_7^{3,(1)} + (1 - \beta_7) \cdot \arg \max_{e_k \in I_7} ICI^{(1)}(\boldsymbol{V}_k^{3,(1)})$$

（2）$\beta_8 = 0.7, \varepsilon_8 = 0.36$，可以得到 $I_8 = \{e_7, e_{20}, e_{22}, e_{25}\}$，$A_8 = \{e_7, e_{20}\}$，$T_8 = \{e_7, e_{20}\}$。决策者 e_8 在 $t = 2$ 时的观点是受到 $t = 1$ 时他本身和集合 T_8 里决策者 e_7, e_{20} 的影响：

$$\boldsymbol{V}_8^{3,(2)} = \beta_8 \cdot \boldsymbol{V}_8^{3,(1)} + \frac{(1 - \beta_8)}{2} \cdot \boldsymbol{V}_7^{3,(1)} + \frac{(1 - \beta_8)}{2} \cdot \boldsymbol{V}_{20}^{3,(1)}$$

（3）$\beta_{20} = 0.8, \varepsilon_{20} = 0.4$，可以得到 $I_{20} = \{e_8, e_{22}, e_{25}\}$，$A_{20} = \{e_{21}, e_{24}\}$，$T_{20} = \varnothing$。决策者 e_{20} 在 $t = 2$ 时的观点是受到在 $t = 1$ 时他本身和集合 A_{20} 里共识水平最高的决策者的影响：

$$\boldsymbol{V}_{20}^{3,(2)} = \beta_{20} \cdot \boldsymbol{V}_{20}^{3,(1)} + (1 - \beta_{20}) \cdot \arg \max_{e_k \in A_{20}} ICI^{(1)}(\boldsymbol{V}_k^{3,(1)})$$

通过以上分析，我们得到在 $t = 2$ 时子网 C_3 的共识水平 $ICI^{(2)}(C_3) = 0.785$，此时 $ICI^{(2)}(C_1) = 0.743, ICI^{(2)}(C_2) = 0.791, GCI^{(2)} = 0.778 < \theta$，继续运用反馈机制改变决策者的观点。

第三轮：识别出 $\min\limits_{\gamma} ICI^2(C_\gamma) = ICI^2(C_1)$，意味着在子网 C_1 里的所有决策者需要修改他们的观点，其中 $C_1 = \{e_1, e_2, e_3, e_4, e_5, e_6, e_9\}$。根据前面 5.2.2 节介绍的反馈机制，以 e_1, e_4 为例：

（1）$\beta_1 = 0.5, \varepsilon_1 = 0.1$，可以得到 $I_1 = \{e_3, e_5, e_9\}$，$A_1 = \{e_2, e_5\}$，$T_1 = \{e_5\}$。决策者 e_1 在 $t = 3$ 时的观点是受到在 $t = 2$ 时他本身和集合 T_1 里决策者 e_5 的影响：

$$\boldsymbol{V}_1^{1,(3)} = \beta_1 \cdot \boldsymbol{V}_1^{1,(2)} + (1 - \beta_1) \cdot \boldsymbol{V}_5^{1,(2)}$$

（2）$\beta_4 = 0.8, \varepsilon_4 = 0.1$，可以得到 $I_4 = \{e_2\}$，$A_4 = \{e_6\}$，$T_4 = \varnothing$。决策者 e_4 在 $t = 3$ 时的观点是受到在 $t = 2$ 时他本身和集合 A_4 里共识水平最高决策者的影响：

$$\boldsymbol{V}_4^{1,(3)} = \beta_4 \cdot \boldsymbol{V}_4^{1,(2)} + (1 - \beta_4) \cdot \arg\max\limits_{e_k \in A_4} ICI(\boldsymbol{V}_k^{1,(2)})$$

通过以上分析，得到在 $t = 3$ 时子网 C_1 的共识水平 $ICI^{(3)}(C_1) = 0.819$，此时 $ICI^{(3)}(C_2) = 0.791$，$ICI^{(3)}(C_3) = 0.785$，$GCI^{(3)} = 0.796 < \theta$，继续运用反馈机制改变决策者的观点。

第四轮：识别出 $\min\limits_{\gamma} ICI^{(1)}(C_\gamma) = ICI^{(1)}(C_3)$，意味着在子网 C_3 里的所有决策者需要修改他们的观点，其中 $C_3 = \{e_7, e_8, e_{20}, e_{21}, e_{22}, e_{23}, e_{24}, e_{25}\}$。根据前面 5.2.2 节介绍的反馈机制，得到在 $t = 4$ 时 $ICI^{(4)}(C_1) = 0.819$，$ICI^{(4)}(C_2) = 0.791$，$ICI^{(4)}(C_3) = 0.841$，$GCI^{(4)} = 0.813 > \theta$，所有决策者达成共识。具体的共识水平变化情况见表 5-5。

表 5-5　每一次迭代过程中共识水平的改变情况

	Round 0	Round 1	Round 2	Round 3	Round 4
$ICI^{(t)}(C_1)$	0.743	0.743	0.743	0.819	0.819
$ICI^{(t)}(C_2)$	0.679	0.791	0.791	0.791	0.791
$ICI^{(t)}(C_3)$	0.689	0.689	0.785	0.785	0.841
$GCI^{(t)}$	0.697	0.749	0.778	0.796	0.813

第五步：选择最合适的方案。

从上面可以看出，决策者在 $t = 4$ 时达成共识，集结决策者的最终决策矩阵得到 $\boldsymbol{V}_G^{(4)} = \begin{bmatrix} 0.387 & 0.307 & 0.351 \\ 0.767 & 0.499 & 0.613 \\ 0.464 & 0.508 & 0.496 \\ 0.322 & 0.598 & 0.488 \end{bmatrix}$，根据式（5-25）得到群体对每个方案

的评估值 $D(x_1) = 0.338, D(x_2) = 0.595, D(x_3) = 0.494, D(x_4) = 0.502$，因此方案的排序是 $x_2 > x_4 > x_3 > x_1$，最合适的方案是 x_2：PVC 植绒。

5.5　对比分析

首先，通过 5.3 节的算例，对比不同文献提出的方法来说明本章提出方法的优点；然后，总结大规模群决策的相关文献，说明本章提出方法的不同之处。

从方案的排序来看，虽然本章提出的方法与 Xu 等（2019）相比（见表5-6）方案的排序不一样，但是最优的方案都是 x_2。在备选方案之间的差异上本章所提的方法比 Xu 等（2019）（除了 x_2 和 x_3）更显著，例如表5-6 中的 0.257表示的是 x_2 和 x_1 评估值的差值。

在迭代次数上，当共识阈值相同时，表5-7 展示了本章所提的方法需要的迭代次数与 Xu 等（2019）需要的迭代次数。结果显示，当共识阈值 $\theta = 0.8$时，本章提出的方法需要的迭代次数更少。

表 5-6　两种方法对比下的方案的排序

本章提出的方法					Xu 等（2019）				
排序	方案	评估值	不同	差值	排序	方案	评估值	不同	差值
1	x_2	0.595	$x_2 - x_1$	0.257	1	x_2	0.596	$x_2 - x_1$	0.193
3	x_3	0.495	$x_2 - x_3$	0.101	2	x_3	0.477	$x_2 - x_3$	0.119
2	x_4	0.502	$x_4 - x_3$	0.008	3	x_4	0.443	$x_3 - x_4$	0.034
4	x_1	0.338	$x_4 - x_1$	0.164	4	x_1	0.403	$x_4 - x_1$	0.043

表 5-7　两种方法在不同阈值下需要的迭代次数

	迭代次数	
共识阈值 θ	本章提出的方法	Xu 等（2019）
0.75	2	2
0.8	4	11

为了更清楚地描述本章与其他研究之间的差异，我们将以前的文献分为以下三类：①传统的大规模群决策，可以缩写为 T-LSGDM，表示决策者之间是相互独立的。②基于社交网络的大规模群决策，可以简称 SN-LSGDM，表

示社交网络中的所有决策者是处于同一个社交网络里。③基于有界信任和社交网络的大规模群决策，可以缩写为 BC 和 SN－LSGDM。这类文献不但要考虑社交网络中决策者的信任关系，还要考虑他们的观点差异。

接下来，为了强调有界信任和社交网络对共识达成过程的影响，通过与现有研究的比较（见表 5－8），从以下几个方面讨论了提出方法的优势：

（1）从聚类方法方面。聚类方法在大规模群体中有着广泛的应用（Wu 和 Xu，2018；Zha 等，2019b；Zhang 等，2018）。Wu 和 Xu（2018）将决策者通过 k －均值分为多个集群，其中同一个集群里的决策者具有相似的观点。Zha 等（2019b）利用模糊 c 均值算法将大规模决策者划分为若干子类，提出了一个具有有界信任模型的共识达成模型。Zhang 等（2018）在大规模群体中提出了将决策者划分为多个集群的选择过程。以上这些聚类方法虽然可以降低维数，但都需要预先确定子网的数目，因此这些聚类方法具有一定的局限性。本章采用了一种基于决策者社会关系的 FastUnfolding 算法，该算法被认为是一种执行速度最快、准确率高、无须确定社区数目的非重叠社区发现算法。

（2）从达成共识的角度。大规模群体中的共识达成过程已被广泛研究（Xu 等，2019；Tian 等，2019；Li 和 Wei，2020；Zha 等，2019b）。Tian 等（2019）、Li 和 Wei（2020）在社交网络中使用信任传播来建立完整的社交网络，但是没有考虑达成共识过程中决策者的观点差异。Chu 等（2020）使用了观点相似性来构建共识达成过程，但没有考虑决策者的社交关系。Zha 等（2019b）利用有界信任构建了共识达成过程，但没有考虑决策者的自信任和决策者之间的社交网络关系。通过前面的介绍，我们发现现有文献仅从有界信任和社交网络的一个方面来构建共识达成过程中的反馈机制。因此，为了从决策者之间的观点差异和社交关系中构建共识达成模型，提高共识效率，本章提出了一种基于有界信任和社交网络的大规模群体共识决策方法。

表 5－8　相关的对比分析

文献类型	相关文献	聚类分析	CRP	决策者权重	有界信任
T－LSGDM	Wu 和 Xu（2018）	√	√	权重均等	×
	Zhang 等（2017）	√	√	权重均等	×
	Palomares 等（2014）	√	√	基于对共识的贡献	×
	Xu 等（2019）	√	√	权重均等	×

续表5-8

文献类型	相关文献	聚类分析	CRP	决策者权重	有界信任
SN－LSGDM	Wu 等（2019b） Liu 和 Xu 等（2019） Tian 等（2019） Xu 等（2020） Li 和 Wei（2020）	√ × √ √ √	× √ √ √ √	基于凝聚力 基于冲突水平 基于社交网络分析 基于社交网络分析 基于社交网络和自信任	× × × × ×
BC－SN－LSGDM	本章	√	√	基于社交网络	√

第 6 章　基于多阶段模糊信息和决策者意见交互的多属性群决策方法及应用

第 4 章和第 5 章介绍了社交网络环境下基于 DeGroot 模型的多属性群决策方法、基于有界信任和社交网络的大规模群决策方法。在考虑决策者对备选方案的评价时，前面的研究只考虑了决策者在某一个时间的评估值。现实生活中，决策者对备选方案的评价往往会随着时间的推移而波动，并且受到环境变化的影响。因此，企业需要在过去的几个时期内对备选方案进行评价。随着社交网络平台的发展，决策者之间会交换意见并相互影响。此外，多个决策者并不总是知识渊博，有时会使用模糊数表达他们对供应商的偏好。为了满足决策者不同的评价要求，分析时间因素和决策者意见交互的影响，本章提出了一种考虑多阶段模糊信息和决策者意见交互的供应商选择群决策方法。在该方法中，决策者利用广义模糊数（Generalised Fuzzy Number，GFNs）在多个时段内给出自己的评估意见。首先利用非线性数学规划方法确定不同时段的权重，然后通过分配不同的决策者不同的权重来考虑观点交互的影响，最后采用理想解相似度排序法（TOPSIS）对潜在供应商进行排序。供应商选择实例的结果表明，该方法能够考虑多期模糊信息和意见交互，选择合适的供应商。

6.1　引言

供应商选择是企业管理中的一个重要问题，因为供应商的质量影响着整个企业的绩效。供应商选择问题可被视为一个多准则决策问题，需要决策者评估多个属性（Ho 等，2010；Junior 等，2014），如产品质量、供应能力、产品价格、财务状况和公司声誉等指标。现有学者们已经提出了各种多准则决策方法来评估和选择供应商。Ghodsypour 和 O'Brien（1998）考虑了供应商选择中的有形和无形因素，并提出了层次分析法（AHP）和线性规划的整合方法来选择最佳供应商。Bodaghi 等（2018）提出了一种加权模糊多目标模型，用于整合供应商选择、客户订单调度和订单数量分配。Ghadimi 等（2018）针对可持续供应商选择和订单分配问题开发了多智能体系统。Kellner 等（2019）提出了一种多目标优化方法，以解决具有风险和可持续性的多准则供应商选择问题。

在企业管理的实际生产活动中，不确定性问题非常普遍，如消费者需求不确定的模糊性、供应商供应能力不确定的模糊性、海啸、台风等自然因素和交通事故、罢工等人为因素导致的不确定风险等。这些不确定问题使得决策者不能用精确数表达他们的偏好，为此，Zadeh（1965）提出了模糊集的概念，为解决这些不确定的实际生产问题提供了有效的途径，也为供应商选择问题提供了有效的方法。考虑到不同决策者对供应商选择的知识有限，决策者不能熟悉所有标准的特征。即使决策者给出了评价信息，这些评价信息也是模糊的，因此开发了具有模糊信息的群决策方法来评估和选择供应商。Banaeian 等（2018）比较了供应商选择的三种模糊群决策方法，并将其应用于农产品行业。Galo 等（2018）提出了一种基于犹豫模糊和 ELECTRE TRI 的供应商分类群决策方法。Song 和 Li（2019）提出了用于供应商选择的大规模群决策方法，并用多粒度概率语言术语集表示供应商的属性。不同决策者由于其背景不同，提供的偏好信息表达形式也不同，Li 和 Kou 等（2016）提出了一种用于供应商选择的异构群体决策方法，该方法可以避免信息丢失并有效集结异构信息。在已有的供应商选择研究中，学者们用线性模糊数或语言集表示属性，不能满足决策者根据实际情况调整偏好的要求。广义模糊数是一个非线性模糊数，可以表示决策者的不同偏好信息，因此本章采用广义模糊数（Li 等，2015a）表示决策者的偏好，以满足决策者在供应商选择过程中的不同评价要求。

从上面分析可以看出，已有的供应商选择文献都是针对决策者在某一时间段对供应商的评价来做出决策的，但是供应商在不同时间段的表现是不同的，在选择供应商时决策者应同时考虑供应商过去和现在的信息。一般来说，供应商选择问题可以由多个决策者在多个时间段内进行多属性评价，可以看作是一个多阶段的模糊决策问题。近年来，多阶段决策问题的研究受到了广泛关注。针对多个决策者在不同阶段提供的属性值不同，Su 等（2011）开发了一种交互式方法来解决多属性群决策问题。Li 等（2015b）提出了一种多周期模糊多准则决策方法，采用三角模糊数表达属性值，并考虑了时间权重对决策结果的影响。当决策者的偏好信息为模糊数，且阶段权重未知，徐选华等（2015）提出了一种多阶段的大规模群体应急决策方法，首先是利用区间模糊数的相似度公式对各阶段的决策者偏好信息进行聚类，然后构建相对熵优化模型求解每个聚类的权重和每个阶段的权重，进行信息集结得到群体偏好，再对备选方案进行排序。Sawik（2019）开发了一种用于缓解和恢复供应链中断的两阶段建模方法。

决策者的权重反映了决策者在群决策过程中的重要性。决策者的影响力越大，她/他的权重就越高。当决策者的观点发生变化时，决策者的权重也随之变化。在具有多阶段信息的群决策过程中，决策者通常相互交流来获取额外的信息。由于决策者和其他因素的相互作用，在达到平衡之前，每个决策者的权重可能至少经历一次调整。Friedkin 和 Johnsen（1990）引入了社交影响网络（Social Influence Network，SIN）理论来探讨决策者之间的相互作用。在社交网络分析中，假设决策者和他们的行为是相互依赖的，Wasserman 和 Faust（1994）发展了社交网络分析（SNA）来研究群决策中决策者之间的相互作用。Pérez 等（2016）提出了一个社交影响网络，目的是收集决策者的初始观点，并开发了一个框架来表示一个决策者对另一个决策者的观点影响。Capuano 等（2017）提出了一个影响导向的群决策模型，通过社交影响网络以探索决策者的人际影响力。Ureña 等（2019）回顾了群决策中观点动力学的方法，指出未来的研究方向。这些研究工作反映社交影响网络在群决策问题中的重要性。

虽然已有研究中已经介绍了许多关于供应商选择的相关工作，但仍有一些重要的问题没有得到解决：①在供应商选择过程中，如何在不确定的环境下满足决策者的不同评价要求；②如何分析供应商选择过程中不同时间因素对决策结果的影响以及决策支持系统之间的观点交互作用。

本章的目的是提出一种基于群决策技术的供应商选择方法，该方法考虑了多阶段模糊信息和决策者的观点交互作用。首先，决策者使用广义模糊数表达他们的偏好，并考虑决策者的观点影响。然后，利用 WA 算子对决策者在不同时期提供的信息进行集结。最后采用模糊 TOPSIS 方法对供应商进行排序。本章的主要创新之处在于：①为了分析时间因素和决策者权重的影响，在供应商选择过程中考虑了多阶段模糊信息和决策者之间的意见交互作用；②决策者的偏好用广义模糊数表达，可以更好地满足供应商选择的不同评估要求。

基于上述对群决策方法及在供应商选择中的应用分析，本章的内容安排如下：6.2 节介绍了广义模糊数、时间权重和决策者权重的确定方法以及模糊 TOPSIS 方法；6.3 节给出了基于多阶段模糊信息和决策者观点交互的群决策方法的构建方式；6.4 节给出了供应商选择的案例研究；6.5 节是本章提出方法的敏感性分析。

6.2 相关定义和法则

6.2.1 广义模糊数（GFNS）

定义 6.1 （Li 等，2015b）令 $\widetilde{A} = (a,b,c,d)_n$，$n > 0$，$0 \leqslant a \leqslant b \leqslant c \leqslant d$，隶属函数 $\mu_{\widetilde{A}} : R \to [0,1]$ 定义如下，其中 $\widetilde{A}$ 是广义模糊数。

$$\mu_{\widetilde{A}} = \begin{cases} \left(\dfrac{x-a}{b-a}\right)^n, & a \leqslant x \leqslant b \\ 1, & b \leqslant x \leqslant c \\ \left(\dfrac{d-x}{d-c}\right)^n, & c \leqslant x \leqslant d \\ 0, & \text{其他} \end{cases} \qquad (6-1)$$

广义模糊数是一个非线性模糊数。随着参数 n 的变化，广义模糊数可以表示不同性质的模糊数。例如，当 $n = 1$ 时，广义模糊数 $\widetilde{A}$ 是一个线性模糊数，又叫梯形模糊数。当 $n = 1$ 且 $b = c$ 时，广义模糊数 $\widetilde{A}$ 退化为三角模糊数（Zadeh，1978）。当 $0 < n < 1$ 时，广义模糊数的隶属函数在左、右分支上是上凸的。当 $n > 1$ 时，广义模糊数的隶属函数在左、右分支上是下凸的。广义模糊数的特性如图 6.1 所示。

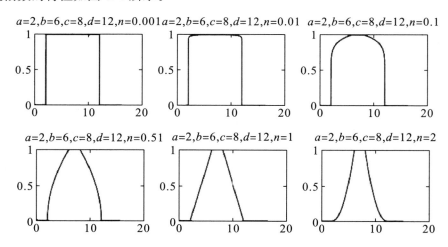

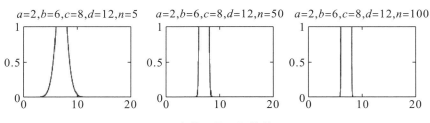

图 6.1　**参数** n **取不同值的** GFN

由于广义模糊数代表了决策者偏好的一种定量形式，不同的广义模糊数表达决策者的不同偏好。参数 n 的变化代表决策者的不同偏好。当决策者获得的信息越多时，其决策偏好参数 n 越大，模糊区间越小；当决策者获得的信息越少时，其决策偏好参数 n 越小，模糊区间越大。在供应商选择过程中使用广义模糊数可以减少决策者的主观性对模糊区间选择模型参数的影响。

定义 6.2　Zadeh，1965）集合 X 模糊集 $\widetilde{A}$ 的 λ 一割集定义为

$$\widetilde{A}_\lambda = \{x \mid x \in X, \mu_{\widetilde{A}}(x) \geqslant \lambda\} \tag{6-2}$$

式中，λ 称为信心水平，$\lambda \in [0,1]$。

命题 6.1　（Zadeh，1965）若 $\widetilde{A}$ 是集合 X 中的模糊数，那么

$$\widetilde{A} = \bigcup_{\lambda \in [0,1]} \lambda \widetilde{A}_\lambda \tag{6-3}$$

在 Zadeh（1965，1978），模糊数的一些命题和运算如下：

命题 6.2　若 $\widetilde{A}$ 和 $\widetilde{B}$ 是集合 X 中的模糊数，$* \in \{\oplus, \otimes, \div, \vee, \wedge\}$，然后 $\widetilde{A} * \widetilde{B}$ 仍然是一个模糊数，如果 $*$ 是 $\div$，$\widetilde{B}$ 是非零的模糊数。

基于命题 6.2，$\widetilde{A}_1 = (a_1, b_1, c_1, d_1)_n$ 和 $\widetilde{A}_2 = (a_2, b_2, c_2, d_2)_n$ 是两类模糊数，$n > 0$，λ 为正实数，则 $\widetilde{A}_1$ 和 $\widetilde{A}_2$ 之间的一些运算性质如下：

(1) $\widetilde{A}_1 \oplus \widetilde{A}_2 = (a_1 + a_2, b_1 + b_2, c_1 + c_2, d_1 + d_2)_n$。

(2) $\widetilde{A}_1 \otimes \widetilde{A}_2 = (a_1 a_2, b_1 b_2, c_1 c_2, d_1 d_2)_n$。

(3) $\lambda \widetilde{A}_1 = (\lambda a_1, \lambda b_1, \lambda c_1, \lambda d_1)_n$。

(4) $\dfrac{\widetilde{A}_1}{\widetilde{A}_2} = \left(\dfrac{a_1}{d_2}, \dfrac{b_1}{c_2}, \dfrac{c_1}{b_2}, \dfrac{d_1}{a_2}\right)_n$。

基于命题 6.1 和命题 6.2，给出两类模糊数 $\widetilde{A}_1$ 和 $\widetilde{A}_2$，用下式表示：

$$\widetilde{A}_1 = \int_0^1 \lambda \widetilde{A}_{1\lambda} \, \mathrm{d}\lambda \qquad (6-4)$$

$$\widetilde{A}_2 = \int_0^1 \lambda \widetilde{A}_{2\lambda} \, \mathrm{d}\lambda \qquad (6-5)$$

对于任意两个模糊数 $\widetilde{A}_1$ 和 $\widetilde{A}_2$，假设 $\widetilde{A}_{1\lambda}$ 和 $\widetilde{A}_{2\lambda}$ 是每个隶属函数的非空有界闭区间，其中 $\widetilde{A}_{1\lambda} = [\widetilde{A}_{1\lambda}^-, \widetilde{A}_{1\lambda}^+]$ 和 $\widetilde{A}_{2\lambda} = [\widetilde{A}_{2\lambda}^-, \widetilde{A}_{2\lambda}^+]$。在本章中，为了避免信息丢失，我们采用曼哈顿距离（Li 等，2015b））来表示两个模糊数之间的距离：

$$
\begin{aligned}
D_M(\widetilde{A}_1, \widetilde{A}_2) &= \int_0^1 |\widetilde{A}_{1\lambda}^+ - \widetilde{A}_{2\lambda}^+| + |\widetilde{A}_{1\lambda}^- - \widetilde{A}_{2\lambda}^-| \, \mathrm{d}\lambda \\
&= \left| \frac{1}{n+1}(a_1 - a_2) + \frac{n}{n+1}(b_1 - b_2) \right| + \\
&\quad \left| \frac{n}{n+1}(c_1 - c_2) + \frac{1}{n+1}(d_1 - d_2) \right|
\end{aligned}
\qquad (6-6)
$$

6.2.2 不同阶段的权重

在熵权法的基础上，我们采用非线性数学规划方法（Guo 等，2007）确定不同时间段的权重，其目的是最大可能地利用样本的信息来寻找时间段权重向量，并以时间序列中被评价对象的不同信息为标准。基于时间度的熵权法可以确定不同时间段的权重如下：

$$
\begin{aligned}
&\max\left[-\sum_{k=1}^{T} \boldsymbol{\omega}_k \ln \boldsymbol{\omega}_k \right] \\
&\mathrm{s.\,t.\ } \rho = \sum_{\eta=1}^{T} \frac{T-\eta}{T-1} \boldsymbol{\omega}_k \\
&\sum_{k=1}^{T} \boldsymbol{\omega}_k = 1, \boldsymbol{\omega}_k \in [0,1] \\
&\eta = 1, 2, \cdots, T
\end{aligned}
\qquad (6-7)
$$

式中，$\boldsymbol{\omega}_k$ 是时间权重向量，$\eta = 1, 2, \cdots, T$ 是时间段的个数，目标函数是时间段权重的信息熵，$\rho \in [0,1]$ 是反映决策过程中不同时期重要性的时间度。如果 $\rho = 0.1$，则表明相对于早期信息来说，决策者更重视近期信息。相反，$\rho = 0.9$ 意味着相对于近期信息来说，决策者更重视早期信息。表 6-1 总结了不同时间度的含义。

表 6－1　每个时间度 ρ 的值及含义

时间度 ρ 的值	含义
0.1	近期信息最重要
0.3	近期信息更重要
0.5	各个时间段的信息同等重要
0.7	早期信息更重要
0.9	早期信息最重要
0.2，0.4，0.6，0.8	相邻值判断的中间状态

根据时间度 ρ 的不同取值，采用非线性数学规划模型求解时间段权重向量，综合主客观权重思想，确定合理的时间段权重向量。

6.2.3　考虑观点交互决策者的权重

社交影响网络的理论探索决策者之间的相互作用，它假设决策者和他们的行为是相互依赖的，并允许建立一个社交网络模型来研究决策者之间的关系并估计他们之间的影响。假如 $E=\{e_1,e_2,\cdots,e_n\}$ 是决策者的集合，w_{ij} 是决策者 e_i 对 e_j 影响的强度，那么社交影响网络可以定义如下：

定义 6.3　（Friedkin 和 Johnsen，1990）如果有向图满足下面的条件，则称为社交影响网络；在有向图 E 中，每一个弧（e_i,e_j）对应的权重 w_{ij} 是 e_j 对 e_i 的影响强度，对于所有的 $i\in\{1,2,\cdots,n\}$ 有 $\sum\limits_{j=1}^{n}w_{ij}=1$。下面利用图 6.2 的例子来说明社交影响网络的结构。

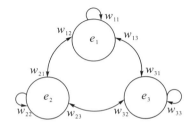

图 6.2　3 个决策者的 SIN 图

假设 $y^{(0)}$ 是决策者的初始观点的集合，$\boldsymbol{W}=(w_{ij})_{n\times n}$ 是社交影响网络的观

点影响矩阵，当决策者被告知他人的观点已经改变时，我们有理由期望决策者会根据同样的原则改变他们的观点。如果考虑观点的影响，决策者的新观点可以由 $y^{(1)} = Wy^{(0)}$ 决定。Friedkin 和 Johnsen（1990）提出以下观点影响过程的递归定义来描述决策者之间人际影响的易感性：

$$y^{(t)} = AWy^{(t-1)} + (I - A)y^{(0)} \tag{6-8}$$

当 $y^{(t)}$ 是决策者在 t 时刻观点的集合，I 是 $s \times s$ 单位矩阵，A 是决策者之间在该问题上人际影响易感性的对角矩阵，其中 $A = \mathrm{diag}(a_{11}, a_{22}, \cdots, a_{ss})$，$0 \leqslant a_{ii} \leqslant 1$。如果 W 是已知的，则 A 中的元素表示如下：

$$a_{ii} = 1 - w_{ii} \tag{6-9}$$

式中，$w_{ii} = 1$ 表示决策者不受任何人际关系的影响。

Friedkin 和 Johnsen（1990）证明了以下命题的正确性。

命题 6.3 在社交影响网络中，如果 $I - AW$ 是非奇异的，则最终观点随着时间的变化将会达到均衡，并满足以下条件：

$$\lim_{t \to +\infty} y^{(t)} = (I - AW)^{-1}(I - A)y^{(0)} = k < \infty \tag{6-10}$$

假如 $IE = (I - AW)^{-1}(I - A)$，$IE$ 描述了将决策者的初始观点转化为最终观点的总体人际影响（Pérez 等，2016）。如 $IE_{23} = 0.4$ 意味着决策者 2 的观点有 40% 是由决策者 3 决定的。

假如 $IE = [IE_{ij}]_{s \times s}$，其中 $IE_i = \sum\limits_{j=1}^{s} IE_{ij}$，通过矩阵 IE 确定决策者 e_h 的权重 w_h：

$$w_h = \frac{IE_h}{\sum\limits_{i=1}^{s} \sum\limits_{j=1}^{s} IE_{ij}} \tag{6-11}$$

式中，$h \in \{1, 2, \cdots, s\}$。

在群决策中引入社交影响网络有助于分析决策者之间的关系，并估计决策者对他人观点的影响。因此，决策者观点的演变和决策者的最终权重可以通过决策者之间的相互作用及其初步观点来预测。

6.2.4　模糊理想解法

我们把 $X = \{x_1, x_2, \cdots, x_m\}$ 作为备选方案，$C = \{c_1, c_2, \cdots, c_q\}$ 作为方案的评估属性。根据备选方案和评价属性集的关系，得到决策者对所有方案所有

属性的评估矩阵为 $\boldsymbol{V} = (v_{ij})_{m\times q}$，其中，$v_{ij}$ 是决策者对第 i 个方案第 j 个属性的评价值。由于本章涉及的数据集是广义模糊数，根据第 2 章介绍的 TOPSIS 方法，得到模糊 TOPSIS 的主要步骤如下：

第一步，归一化模糊决策矩阵。

根据命题 6.2 的性质运算把模糊决策矩阵 $\boldsymbol{V} = (v_{ij})_{m\times q} = [(a_{ij}, b_{ij}, c_{ij}, d_{ij})_n]_{m\times q}$ 标准化为 $v' = (v'_{ij})_{m\times q} = [(a'_{ij}, b'_{ij}, c'_{ij}, d'_{ij})_n]_{m\times q}$，标准化的过程如下：

$$v'_{ij} = \begin{cases} v_{ij} \bigg/ \sum_{i=1}^{m} v_{ij}, \forall i \in M, j \in I_1 \\ (1/v_{ij}) \bigg/ \sum_{i=1}^{m} (1/v_{ij}), \forall i \in M, j \in I_2 \end{cases} \tag{6-12}$$

对于 $\forall i \in M, j \in I_1$，其中 I_1 是效益型指标，则

$$\begin{aligned} v'_{ij} &= v_{ij} \bigg/ \sum_{i=1}^{m} v_{ij} = (a_{ij}, b_{ij}, c_{ij}, d_{ij})_n \bigg/ \sum_{i=1}^{m} (a_{ij}, b_{ij}, c_{ij}, d_{ij})_n \\ &= (a_{ij}, b_{ij}, c_{ij}, d_{ij})_n \bigg/ (\sum_{i=1}^{m} a_{ij}, \sum_{i=1}^{m} b_{ij}, \sum_{i=1}^{m} c_{ij}, \sum_{i=1}^{m} d_{ij})_n \\ &= (a_{ij} \bigg/ \sum_{i=1}^{m} d_{ij}, b_{ij} \bigg/ \sum_{i=1}^{m} c_{ij}, c_{ij} \bigg/ \sum_{i=1}^{m} b_{ij}, d_{ij} \bigg/ \sum_{i=1}^{m} a_{ij})_n \end{aligned} \tag{6-13}$$

对于 $\forall i \in M, j \in I_2$，其中 I_2 是成本型指标，$M = \{1, 2, \cdots, m\}$，则

$$\begin{aligned} v'_{ij} &= (1/v_{ij}) \bigg/ \sum_{i=1}^{m} (1/v_{ij}) = ((1/d_{ij}), (1/c_{ij}), (1/b_{ij}), (1/a_{ij}))_n \\ &\quad \bigg/ \sum_{i=1}^{m} ((1/d_{ij}), (1/c_{ij}), (1/b_{ij}), (1/a_{ij}))_n \\ &= ((1/d_{ij}), (1/c_{ij}), (1/b_{ij}), (1/a_{ij}))_n \bigg/ (\sum_{i=1}^{m} (1/d_{ij}), \\ &\quad \sum_{i=1}^{m} (1/c_{ij}), \sum_{i=1}^{m} (1/b_{ij}), \sum_{i=1}^{m} (1/a_{ij}))_n \\ &= ((1/d_{ij}) \bigg/ \sum_{i=1}^{m} (1/a_{ij}), (1/c_{ij}) \bigg/ \sum_{i=1}^{m} (1/b_{ij}), (1/b_{ij}) \\ &\quad \bigg/ \sum_{i=1}^{m} (1/c_{ij}), (1/a_{ij}) \bigg/ \sum_{i=1}^{m} (1/d_{ij}))_n \end{aligned} \tag{6-14}$$

第二步，根据标准化后的决策矩阵 $v' = (v'_{ij})_{m\times q} = [(a'_{ij}, b'_{ij}, c'_{ij}, d'_{ij})_n]_{m\times q}$，确定正理想解 v^+ 和负理想解 v^-：

$$v'^+ = (v'^+_1, v'^+_2, \cdots, v'^+_q), \quad v'^- = (v'^-_1, v'^-_2, \cdots, v'^-_q) \tag{6-15}$$

式中，$v'^+_j = \max_{i\in M} v'_{ij}$，$v'^-_j = \min_{i\in M} v'_{ij}$，$j = 1,2,\cdots,q$，$M = \{1,2,\cdots,m\}$。

第三步，对于每个备选方案，计算备选方案到正理想解和负理想解的距离：

$$S^+_i = \sum_{j=1}^{q} D(v'_{ij}, v'^+_j), i \in M; S^-_i = \sum_{j=1}^{q} D(v'_{ij}, v'^-_j), i \in M$$

$$(6-16)$$

第四步，计算与理想解的相对贴近度 D_i：

$$D_i = \frac{S^-_i}{S^+_i + S^-_i}$$

$$(6-17)$$

第五步，根据贴近度 D_i 的大小对方案进行排序。

6.4 基于群决策的供应商选择方法

在群决策过程中，决策者的集合用 $E = \{e_1, e_2, \cdots, e_s\}$ 表示，备选供应商用 $X = \{x_1, x_2, \cdots, x_m\}$ 表示，评估属性用 $C = \{c_1, c_2, \cdots, c_q\}$ 表示。假如时间段权重向量是 $\boldsymbol{\omega} = (\omega_1, \omega_2, \cdots, \omega_T)^T$，满足 $\sum_{\eta=1}^{T} \omega_\eta = 1$，$\omega_\eta \in [0,1]$，$\eta = 1, 2, \cdots, T$ 是时间段的个数。决策者在不同时间段给出的决策矩阵表示为 $\boldsymbol{V}(e_h(\eta)) = (v_{ij}^{e_h(\eta)})_{m\times q}$，其中，$v_{ij}^{e_h(\eta)}$ 是决策者 $e_h (h = 1,2,\cdots,s)$ 在第 η 个时间段对第 i 个供应商的第 j 个属性的评估值，$v_{ij}^{e_h(\eta)}$ 是广义模糊数。假如已知决策者的初始观点，并且决策者在每个时期都会根据相同的原则改变自己的观点，则社交影响网络中的观点影响矩阵为 $\boldsymbol{W} = (w_{ij})_{s\times s}$。

图 6.3 展示了基于群决策方法的供应商选择过程。该方法考虑了决策者之间的多阶段信息和观点间的相互影响，其具体流程如下：

第一步，标准化初始决策矩阵。

把决策者的初始决策矩阵 $\boldsymbol{V}(e_h(\eta)) = (v_{ij}^{e_h(\eta)})_{m\times q}$ 标准化为 $\boldsymbol{V}'(e_h(\eta)) = (v'^{e_h(\eta)}_{ij})_{m\times q}$。

第二步，确定不同时间段的权重。

运用 6.1.2 部分提出的非线性数学规划方法确定时间权重。时间权重向量为 $\boldsymbol{\omega} = (\omega_1, \omega_2, \cdots, \omega_T)^T$，$\sum_{\eta=1}^{T} \omega_\eta = 1$，$\omega_\eta \in [0,1]$，$\eta = 1,2,\cdots,T$ 是时间段的个数。

第三步，基于社交影响网络确定决策者的权重。

基于观点影响矩阵 $\boldsymbol{W} = (w_{ij})_{s \times s}$，利用式（6-9）～式（6-11）可以得到总的人际影响矩阵 $\boldsymbol{IE}$ 和决策者的权重。

第四步，聚合不同时间段的标准化个体决策矩阵。

在聚合过程中，提出了一种动态加权平均算子来聚合决策者在不同时期的偏好信息。

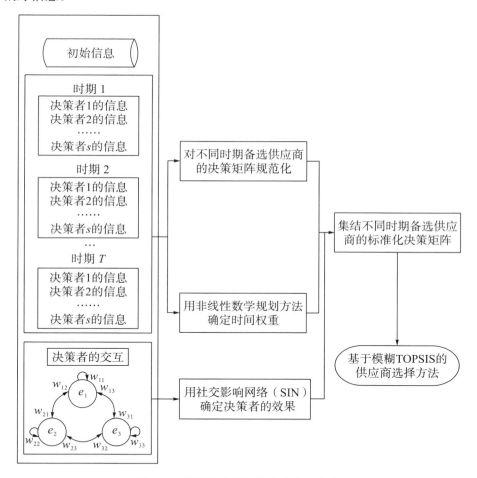

图 6.3　基于群决策的供应商选择方法

定义 6.4　设 $a_1, a_2, \cdots, a_T$ 为不同时段的元素，$\boldsymbol{\omega} = \{\omega_1, \omega_2, \cdots, \omega_T\}^{\mathrm{T}}$ 为时间权重，则动态加权平均算子定义如下：

$$DWA(a_1, a_2, \cdots, a_T) = \sum_{t=1}^{T} \omega_t a_t \qquad (6-18)$$

基于定义 6.4，我们假设 $\boldsymbol{w} = \{w_1, w_2, \cdots, w_s\}^{\mathrm{T}}$ 是决策者的权重，$\boldsymbol{\omega} = \{\omega_1, \omega_2, \cdots, \omega_T\}^{\mathrm{T}}$ 是时间段的权重向量，$\boldsymbol{v}'(e_h(\eta)) = (v'_{ij}{}^{e_h(\eta)})_{m \times q}$ 是标准化后的决策矩阵，利用式（6-18）可以得到群决策矩阵 $\boldsymbol{GV}'(e_h(\eta)) = (Gv'_{ij})_{m \times q}$：

$$Gv'_{ij} = \sum_{h=1}^{s} \sum_{\eta=1}^{T} \omega_\eta v'_{ij}{}^{e_h(\eta)} w_h \tag{6-19}$$

第五步，基于模糊 TOPSIS 的供应商选择过程。

基于群体决策矩阵 $\boldsymbol{GV}'(e_h(\eta)) = (Gv'_{ij})_{m \times q}$，利用 6.1.4 节提出的模糊 TOPSIS 方法进行备选方案的排序和选择。

6.4 供应商选择的案例研究

电池生产企业往往需要选择合适的第三方逆向物流供应商来进行逆向物流活动。逆向物流关注的是材料的逆向流动，以最大化退货的价值或最小化逆向物流的总成本（Kannan 等，2009）。为了选择一个合适的第三方逆向物流供应商，电池制造商通常会邀请不同领域的决策者对每个第三方逆向物流供应商在 3 个阶段的绩效进行评估。在遴选过程中，决策者们可以相互交换意见。因此，运用多阶段群决策方法选择最佳的第三方逆向物流供应商是非常必要的。

本例中有 5 个第三方逆向物流供应商 x_1，x_2，x_3，x_4，x_5。Kannan 等（2009）提出了 7 个属性（见表 6-2）来评估逆向物流供应商的绩效。3 位决策者（e_1，e_2，e_3）来自环境保护办公室等不同的领域，根据这 7 个属性对 2007—2009 年的第三方逆向物流供应商进行了评估，并构建了表 6-3～表 6-11 中所列的决策矩阵。$\boldsymbol{V}(e_h(\eta)) = (v_{ij}{}^{e_h(\eta)})_{5 \times 7}$ 表示的是第 h 个决策者在第 η 个阶段对候选供应商的初始决策矩阵。

表 6-2 供应商评价属性（Kannan 等，2009）

指标	名称	含义
c_1	质量	产品性能、准确性、质量意识和检验方法
c_2	交货	交货的灵活性和可靠性
c_3	逆向物流成本	运输成本，材料搬运成本，库存成本，包装成本
c_4	退货率	退货产品无法持续满足质量要求
c_5	技术/工程能力	能够执行逆向物流功能，研发设施
c_6	无法满足未来需求	无法满足预期需求，即回报率上升协调

指标	名称	含义
c_7	意愿和态度	对买家的态度，愿意与买家做逆向物流业务

表 6－3　初始决策矩阵 $V(e_1(1))$

	x_1	x_2	x_3	x_4	x_5
c_1	$(4,5,6,7)_n$	$(5,6,7,8)_n$	$(4,5,6,7)_n$	$(5,6,8,9)_n$	$(3,4,6,7)_n$
c_2	$(3,4,6,7)_n$	$(5,6,7,9)_n$	$(2,3,4,5)_n$	$(5,7,8,9)_n$	$(5,6,8,9)_n$
c_3	$(2,3,5,6)_n$	$(5,6,8,9)_n$	$(3,4,6,7)_n$	$(2,4,5,6)_n$	$(3,5,6,7)_n$
c_4	$(2,3,5,6)_n$	$(5,6,8,9)_n$	$(1,3,5,6)_n$	$(3,5,6,7)_n$	$(4,6,7,8)_n$
c_5	$(5,6,7,8)_n$	$(4,5,6,7)_n$	$(5,7,8,9)_n$	$(4,6,7,8)_n$	$(3,5,6,8)_n$
c_6	$(3,5,6,8)_n$	$(5,6,8,9)_n$	$(5,6,7,8)_n$	$(4,5,6,7)_n$	$(3,4,6,7)_n$
c_7	$(6,7,8,9)_n$	$(2,3,5,6)_n$	$(6,7,8,9)_n$	$(5,7,8,9)_n$	$(5,6,8,9)_n$

表 6－4　初始决策矩阵 $V(e_2(1))$

	x_1	x_2	x_3	x_4	x_5
c_1	$(3,5,6,8)_n$	$(4,5,6,7)_n$	$(3,5,6,8)_n$	$(4,5,6,7)_n$	$(5,6,7,8)_n$
c_2	$(5,6,8,9)_n$	$(5,6,8,9)_n$	$(1,3,4,5)_n$	$(5,6,8,9)_n$	$(5,7,8,9)_n$
c_3	$(4,5,6,7)_n$	$(5,6,7,8)_n$	$(2,3,5,6)_n$	$(2,3,5,6)_n$	$(2,4,5,6)_n$
c_4	$(3,4,6,7)_n$	$(5,6,7,9)_n$	$(1,2,5,6)_n$	$(5,6,8,9)_n$	$(5,7,8,9)_n$
c_5	$(5,7,8,9)_n$	$(4,6,7,8)_n$	$(5,6,7,8)_n$	$(5,6,7,8)_n$	$(5,7,8,9)_n$
c_6	$(5,6,7,8)_n$	$(4,5,6,7)_n$	$(5,6,7,9)_n$	$(4,6,7,8)_n$	$(2,3,5,6)_n$
c_7	$(5,6,7,9)_n$	$(4,5,6,7)_n$	$(5,6,7,8)_n$	$(6,7,8,9)_n$	$(5,6,7,9)_n$

表 6－5　初始决策矩阵 $V(e_3(1))$

	x_1	x_2	x_3	x_4	x_5
c_1	$(5,6,7,8)_n$	$(3,4,6,7)_n$	$(2,3,5,6)_n$	$(3,4,6,7)_n$	$(5,6,8,9)_n$
c_2	$(3,5,6,7)_n$	$(3,4,6,7)_n$	$(1,3,5,6)_n$	$(3,4,6,7)_n$	$(4,6,7,8)_n$
c_3	$(3,4,6,7)_n$	$(5,6,8,9)_n$	$(2,3,5,7)_n$	$(2,3,4,5)_n$	$(2,3,5,6)_n$
c_4	$(3,5,6,7)_n$	$(5,7,8,9)_n$	$(1,3,5,7)_n$	$(3,5,6,7)_n$	$(5,6,7,8)_n$

	x_1	x_2	x_3	x_4	x_5
c_5	$(4,6,7,8)_n$	$(3,5,6,8)_n$	$(3,5,6,8)_n$	$(5,7,8,9)_n$	$(4,6,7,8)_n$
c_6	$(3,4,6,7)_n$	$(5,6,7,8)_n$	$(5,7,8,9)_n$	$(5,7,8,9)_n$	$(3,4,6,7)_n$
c_7	$(6,7,8,9)_n$	$(5,6,8,9)_n$	$(5,6,7,8)_n$	$(5,7,8,9)_n$	$(6,7,8,9)_n$

表 6－6　初始决策矩阵 $V(e_1(2))$

	x_1	x_2	x_3	x_4	x_5
c_1	$(3,5,6,8)_n$	$(5,6,7,8)_n$	$(2,3,5,6)_n$	$(5,7,8,9)_n$	$(3,4,6,7)_n$
c_2	$(5,6,7,8)_n$	$(5,7,8,9)_n$	$(4,5,6,7)_n$	$(6,7,8,9)_n$	$(4,5,6,7)_n$
c_3	$(2,3,5,6)_n$	$(5,6,7,8)_n$	$(3,4,6,7)_n$	$(2,3,5,7)_n$	$(4,5,6,7)_n$
c_4	$(4,5,6,7)_n$	$(3,5,6,7)_n$	$(2,3,4,5)_n$	$(4,5,6,7)_n$	$(4,6,7,8)_n$
c_5	$(5,6,7,8)_n$	$(4,5,6,7)_n$	$(5,7,8,9)_n$	$(4,6,7,8)_n$	$(4,6,7,8)_n$
c_6	$(5,6,7,8)_n$	$(4,5,6,7)_n$	$(6,7,8,9)_n$	$(3,5,6,8)_n$	$(5,7,8,9)_n$
c_7	$(1,3,4,5)_n$	$(5,6,8,9)_n$	$(2,3,4,5)_n$	$(5,6,7,9)_n$	$(2,3,4,5)_n$

表 6－7　初始决策矩阵 $V(e_2(2))$

	x_1	x_2	x_3	x_4	x_5
c_1	$(5,6,8,9)_n$	$(3,4,6,7)_n$	$(2,3,5,6)_n$	$(3,4,6,7)_n$	$(5,6,7,8)_n$
c_2	$(3,5,6,7)_n$	$(3,4,6,7)_n$	$(2,3,5,6)_n$	$(3,4,6,7)_n$	$(4,6,7,8)_n$
c_3	$(3,4,6,7)_n$	$(5,6,7,8)_n$	$(2,3,5,7)_n$	$(2,3,5,6)_n$	$(2,3,5,6)_n$
c_4	$(3,5,6,7)_n$	$(5,7,8,9)_n$	$(1,3,5,7)_n$	$(3,5,6,7)_n$	$(5,6,7,8)_n$
c_5	$(4,5,6,7)_n$	$(6,7,8,9)_n$	$(3,5,6,8)_n$	$(5,6,7,8)_n$	$(5,7,8,9)_n$
c_6	$(5,6,7,9)_n$	$(3,5,6,8)_n$	$(5,6,7,8)_n$	$(5,6,8,9)_n$	$(3,5,6,8)_n$
c_7	$(2,3,4,5)_n$	$(3,4,6,7)_n$	$(2,3,5,6)_n$	$(6,7,8,9)_n$	$(2,3,4,5)_n$

表 6－8　初始决策矩阵 $V(e_3(2))$

	x_1	x_2	x_3	x_4	x_5
c_1	$(4,6,7,8)_n$	$(4,5,6,7)_n$	$(2,3,4,5)_n$	$(4,5,6,7)_n$	$(5,6,7,8)_n$
c_2	$(5,6,8,9)_n$	$(5,6,8,9)_n$	$(3,5,6,8)_n$	$(5,6,7,8)_n$	$(5,7,8,9)_n$

续表6－8

	x_1	x_2	x_3	x_4	x_5
c_3	$(4,5,6,7)_n$	$(5,6,7,9)_n$	$(2,3,5,6)_n$	$(4,5,6,7)_n$	$(2,3,5,7)_n$
c_4	$(3,4,6,7)_n$	$(5,6,7,9)_n$	$(1,2,4,5)_n$	$(5,6,8,9)_n$	$(5,6,7,9)_n$
c_5	$(3,4,6,7)_n$	$(4,6,7,8)_n$	$(5,6,7,9)_n$	$(6,7,8,9)_n$	$(5,6,7,8)_n$
c_6	$(6,7,8,9)_n$	$(4,5,6,7)_n$	$(5,7,8,9)_n$	$(4,5,6,7)_n$	$(5,6,7,8)_n$
c_7	$(1,2,3,4)_n$	$(5,6,7,9)_n$	$(2,3,4,5)_n$	$(5,6,7,8)_n$	$(1,3,4,5)_n$

表 6－9　初始决策矩阵 $V(e_1(3))$

	x_1	x_2	x_3	x_4	x_5
c_1	$(4,5,6,7)_n$	$(5,6,7,8)_n$	$(4,5,6,7)_n$	$(6,7,8,9)_n$	$(2,3,5,7)_n$
c_2	$(3,4,6,7)_n$	$(5,6,7,9)_n$	$(4,5,6,7)_n$	$(5,7,8,9)_n$	$(3,5,6,7)_n$
c_3	$(1,3,5,6)_n$	$(5,6,8,9)_n$	$(5,6,8,9)_n$	$(2,4,5,6)_n$	$(2,3,4,5)_n$
c_4	$(2,3,5,6)_n$	$(5,6,8,9)_n$	$(3,4,6,7)_n$	$(5,6,8,9)_n$	$(4,5,6,7)_n$
c_5	$(5,6,7,8)_n$	$(4,5,6,7)_n$	$(2,3,4,5)_n$	$(4,5,6,7)_n$	$(5,6,7,8)_n$
c_6	$(1,3,4,5)_n$	$(5,7,8,9)_n$	$(2,3,4,5)_n$	$(2,3,4,5)_n$	$(2,3,4,5)_n$
c_7	$(4,5,6,7)_n$	$(5,6,7,8)_n$	$(6,7,8,9)_n$	$(5,6,7,9)_n$	$(5,6,7,8)_n$

表 6－10　初始决策矩阵 $V(e_2(3))$

	x_1	x_2	x_3	x_4	x_5
c_1	$(4,6,7,8)_n$	$(4,5,6,7)_n$	$(3,5,6,8)_n$	$(5,7,8,9)_n$	$(3,5,6,7)_n$
c_2	$(5,6,7,8)_n$	$(5,6,8,9)_n$	$(4,6,7,8)_n$	$(6,7,8,9)_n$	$(5,7,8,9)_n$
c_3	$(2,3,5,6)_n$	$(5,7,8,9)_n$	$(6,7,8,9)_n$	$(4,5,6,7)_n$	$(2,3,5,7)_n$
c_4	$(3,4,6,7)_n$	$(5,6,7,9)_n$	$(5,6,7,8)_n$	$(3,5,6,7)_n$	$(5,6,8,9)_n$
c_5	$(5,7,8,9)_n$	$(2,3,4,5)_n$	$(5,6,7,8)_n$	$(5,6,8,9)_n$	$(6,7,8,9)_n$
c_6	$(1,2,4,5)_n$	$(4,5,6,7)_n$	$(1,3,4,5)_n$	$(1,2,4,5)_n$	$(2,3,4,5)_n$
c_7	$(5,6,7,8)_n$	$(6,7,8,9)_n$	$(5,6,8,9)_n$	$(6,7,8,9)_n$	$(5,7,8,9)_n$

表 6-11　初始决策矩阵 $V(e_3(3))$

	x_1	x_2	x_3	x_4	x_5
c_1	$(3,4,6,7)_n$	$(5,6,7,9)_n$	$(4,6,7,8)_n$	$(6,7,8,9)_n$	$(2,3,5,7)_n$
c_2	$(5,6,7,8)_n$	$(5,6,7,9)_n$	$(4,5,6,7)_n$	$(6,7,8,9)_n$	$(5,6,8,9)_n$
c_3	$(1,2,4,5)_n$	$(5,7,8,9)_n$	$(5,6,8,9)_n$	$(3,5,6,7)_n$	$(3,5,6,8)_n$
c_4	$(2,3,5,6)_n$	$(5,6,7,8)_n$	$(3,4,6,7)_n$	$(3,5,6,7)_n$	$(2,3,5,7)_n$
c_5	$(6,7,8,9)_n$	$(4,5,6,7)_n$	$(3,5,6,8)_n$	$(5,6,8,9)_n$	$(5,7,8,9)_n$
c_6	$(2,3,4,5)_n$	$(5,6,7,8)_n$	$(3,4,6,7)_n$	$(1,3,4,5)_n$	$(3,4,6,7)_n$
c_7	$(5,6,7,8)_n$	$(5,7,8,9)_n$	$(5,7,8,9)_n$	$(5,7,8,9)_n$	$(4,5,6,7)_n$

从表 6-2 可以看出，c_3，c_4 和 c_6 是成本型指标，其余是效益型指标，需要用式（6-12）把初始决策矩阵 $V(e_h(\eta))$ 标准化为 $v'(e_h(\eta))$，其中 $v'(e_h(\eta))$ 见表 6-12～表 6-20。

表 6-12　标准化决策矩阵 $v'(e_1(1))$

	x_1	x_2	x_3	x_4	x_5
c_1	$(0.11, 0.15, 0.23, 0.33)_n$	$(0.13, 0.18, 0.27, 0.38)_n$	$(0.11, 0.15, 0.23, 0.33)_n$	$(0.13, 0.18, 0.31, 0.43)_n$	$(0.08, 0.12, 0.23, 0.33)_n$
c_2	$(0.08, 0.12, 0.23, 0.35)_n$	$(0.13, 0.18, 0.27, 0.45)_n$	$(0.05, 0.09, 0.15, 0.25)_n$	$(0.13, 0.21, 0.31, 0.45)_n$	$(0.13, 0.18, 0.31, 0.45)_n$
c_3	$(0.09, 0.17, 0.39, 0.68)_n$	$(0.06, 0.10, 0.19, 0.27)_n$	$(0.08, 0.14, 0.29, 0.46)_n$	$(0.09, 0.17, 0.29, 0.68)_n$	$(0.08, 0.14, 0.23, 0.46)_n$
c_4	$(0.07, 0.17, 0.40, 0.70)_n$	$(0.05, 0.10, 0.20, 0.28)_n$	$(0.07, 0.17, 0.40, 1.00)_n$	$(0.06, 0.14, 0.24, 0.47)_n$	$(0.05, 0.12, 0.20, 0.35)_n$
c_5	$(0.13, 0.18, 0.24, 0.38)_n$	$(0.10, 0.15, 0.21, 0.33)_n$	$(0.13, 0.26, 0.28, 0.43)_n$	$(0.10, 0.18, 0.24, 0.38)_n$	$(0.08, 0.15, 0.21, 0.38)_n$
c_6	$(0.09, 0.17, 0.26, 0.52)_n$	$(0.08, 0.13, 0.22, 0.31)_n$	$(0.09, 0.15, 0.22, 0.31)_n$	$(0.11, 0.17, 0.26, 0.39)_n$	$(0.11, 0.17, 0.33, 0.52)_n$
c_7	$(0.14, 0.19, 0.27, 0.38)_n$	$(0.05, 0.08, 0.17, 0.25)_n$	$(0.14, 0.19, 0.27, 0.38)_n$	$(0.12, 0.19, 0.27, 0.38)_n$	$(0.12, 0.16, 0.27, 0.38)_n$

表 6-13　标准化决策矩阵 $v'(e_2(1))$

	x_1	x_2	x_3	x_4	x_5
c_1	$(0.08, 0.16, 0.23, 0.42)_n$	$(0.11, 0.16, 0.23, 0.37)_n$	$(0.08, 0.16, 0.23, 0.42)_n$	$(0.11, 0.16, 0.23, 0.37)_n$	$(0.13, 0.19, 0.27, 0.42)_n$
c_2	$(0.12, 0.17, 0.29, 0.43)_n$	$(0.12, 0.17, 0.29, 0.43)_n$	$(0.02, 0.08, 0.14, 0.24)_n$	$(0.12, 0.17, 0.29, 0.43)_n$	$(0.12, 0.19, 0.29, 0.43)_n$
c_3	$(0.07, 0.13, 0.22, 0.33)_n$	$(0.06, 0.11, 0.18, 0.26)_n$	$(0.09, 0.16, 0.37, 0.65)_n$	$(0.09, 0.16, 0.37, 0.65)_n$	$(0.09, 0.16, 0.27, 0.65)_n$
c_4	$(0.07, 0.14, 0.33, 0.52)_n$	$(0.06, 0.12, 0.22, 0.31)_n$	$(0.09, 0.16, 0.66, 1.00)_n$	$(0.06, 0.10, 0.22, 0.31)_n$	$(0.06, 0.10, 0.19, 0.31)_n$
c_5	$(0.12, 0.19, 0.25, 0.38)_n$	$(0.10, 0.16, 0.22, 0.33)_n$	$(0.12, 0.16, 0.22, 0.33)_n$	$(0.12, 0.16, 0.22, 0.33)_n$	$(0.12, 0.19, 0.25, 0.38)_n$
c_6	$(0.09, 0.14, 0.21, 0.30)_n$	$(0.10, 0.16, 0.25, 0.37)_n$	$(0.08, 0.14, 0.21, 0.30)_n$	$(0.09, 0.14, 0.21, 0.37)_n$	$(0.12, 0.19, 0.42, 0.75)_n$
c_7	$(0.12, 0.17, 0.23, 0.36)_n$	$(0.10, 0.14, 0.20, 0.28)_n$	$(0.12, 0.17, 0.23, 0.32)_n$	$(0.14, 0.20, 0.27, 0.36)_n$	$(0.12, 0.17, 0.23, 0.36)_n$

表 6-14　标准化决策矩阵 $v'(e_3(1))$

	x_1	x_2	x_3	x_4	x_5
c_1	$(0.14, 0.19, 0.30, 0.44)_n$	$(0.08, 0.13, 0.26, 0.39)_n$	$(0.05, 0.09, 0.22, 0.33)_n$	$(0.08, 0.13, 0.26, 0.39)_n$	$(0.14, 0.19, 0.35, 0.50)_n$
c_2	$(0.09, 0.17, 0.27, 0.50)_n$	$(0.09, 0.13, 0.27, 0.50)_n$	$(0.03, 0.10, 0.23, 0.43)_n$	$(0.09, 0.13, 0.27, 0.50)_n$	$(0.11, 0.20, 0.32, 0.57)_n$
c_3	$(0.07, 0.12, 0.27, 0.44)_n$	$(0.05, 0.09, 0.18, 0.26)_n$	$(0.07, 0.14, 0.35, 0.65)_n$	$(0.10, 0.18, 0.35, 0.65)_n$	$(0.08, 0.14, 0.35, 0.65)_n$
c_4	$(0.07, 0.16, 0.25, 0.50)_n$	$(0.05, 0.12, 0.18, 0.30)_n$	$(0.07, 0.19, 0.42, 1.00)_n$	$(0.07, 0.16, 0.25, 0.50)_n$	$(0.06, 0.14, 0.21, 0.30)_n$
c_5	$(0.10, 0.18, 0.24, 0.42)_n$	$(0.07, 0.15, 0.21, 0.42)_n$	$(0.07, 0.15, 0.21, 0.42)_n$	$(0.12, 0.21, 0.28, 0.47)_n$	$(0.10, 0.18, 0.24, 0.42)_n$
c_6	$(0.11, 0.18, 0.34, 0.53)_n$	$(0.10, 0.15, 0.23, 0.32)_n$	$(0.09, 0.13, 0.20, 0.32)_n$	$(0.09, 0.13, 0.20, 0.32)_n$	$(0.11, 0.18, 0.34, 0.53)_n$
c_7	$(0.14, 0.18, 0.24, 0.33)_n$	$(0.11, 0.15, 0.24, 0.33)_n$	$(0.11, 0.15, 0.21, 0.30)_n$	$(0.11, 0.18, 0.24, 0.33)_n$	$(0.14, 0.18, 0.24, 0.33)_n$

表 6-15　标准化决策矩阵 $v'(e_1(2))$

	x_1	x_2	x_3	x_4	x_5
c_1	$(0.08,0.16,0.24,0.44)_n$	$(0.13,0.19,0.28,0.44)_n$	$(0.05,0.09,0.20,0.33)_n$	$(0.13,0.22,0.32,0.50)_n$	$(0.08,0.13,0.24,0.39)_n$
c_2	$(0.13,0.17,0.23,0.33)_n$	$(0.13,0.20,0.27,0.38)_n$	$(0.10,0.14,0.20,0.29)_n$	$(0.15,0.20,0.27,0.38)_n$	$(0.10,0.14,0.20,0.29)_n$
c_3	$(0.09,0.16,0.38,0.69)_n$	$(0.07,0.11,0.19,0.28)_n$	$(0.08,0.13,0.29,0.46)_n$	$(0.08,0.16,0.38,0.69)_n$	$(0.08,0.13,0.29,0.35)_n$
c_4	$(0.09,0.15,0.22,0.33)_n$	$(0.09,0.15,0.22,0.44)_n$	$(0.13,0.23,0.37,0.66)_n$	$(0.09,0.15,0.22,0.33)_n$	$(0.08,0.13,0.18,0.33)_n$
c_5	$(0.13,0.17,0.23,0.36)_n$	$(0.10,0.14,0.20,0.32)_n$	$(0.13,0.20,0.27,0.41)_n$	$(0.10,0.17,0.23,0.36)_n$	$(0.10,0.17,0.23,0.36)_n$
c_6	$(0.11,0.17,0.23,0.33)_n$	$(0.12,0.20,0.28,0.41)_n$	$(0.10,0.15,0.20,0.27)_n$	$(0.11,0.20,0.28,0.54)_n$	$(0.10,0.15,0.20,0.33)_n$
c_7	$(0.03,0.11,0.19,0.33)_n$	$(0.15,0.22,0.38,0.60)_n$	$(0.06,0.11,0.19,0.33)_n$	$(0.15,0.22,0.33,0.60)_n$	$(0.06,0.11,0.19,0.33)_n$

表 6-16　标准化决策矩阵 $v'(e_2(2))$

	x_1	x_2	x_3	x_4	x_5
c_1	$(0.14,0.19,0.35,0.50)_n$	$(0.08,0.13,0.26,0.39)_n$	$(0.05,0.09,0.22,0.33)_n$	$(0.08,0.13,0.26,0.39)_n$	$(0.14,0.19,0.30,0.44)_n$
c_2	$(0.09,0.17,0.27,0.47)_n$	$(0.09,0.13,0.27,0.47)_n$	$(0.06,0.10,0.23,0.40)_n$	$(0.09,0.13,0.27,0.47)_n$	$(0.11,0.20,0.32,0.53)_n$
c_3	$(0.07,0.12,0.27,0.45)_n$	$(0.06,0.10,0.18,0.27)_n$	$(0.07,0.14,0.37,0.67)_n$	$(0.08,0.14,0.37,0.67)_n$	$(0.08,0.14,0.37,0.67)_n$
c_4	$(0.07,0.16,0.25,0.50)_n$	$(0.05,0.12,0.18,0.30)_n$	$(0.07,0.19,0.42,1.00)_n$	$(0.07,0.16,0.25,0.50)_n$	$(0.06,0.14,0.21,0.30)_n$
c_5	$(0.10,0.14,0.20,0.30)_n$	$(0.15,0.20,0.27,0.39)_n$	$(0.07,0.14,0.20,0.35)_n$	$(0.12,0.17,0.23,0.35)_n$	$(0.12,0.20,0.27,0.39)_n$
c_6	$(0.09,0.16,0.22,0.33)_n$	$(0.10,0.19,0.27,0.56)_n$	$(0.10,0.16,0.22,0.33)_n$	$(0.09,0.14,0.22,0.33)_n$	$(0.10,0.19,0.27,0.56)_n$
c_7	$(0.06,0.11,0.20,0.33)_n$	$(0.09,0.15,0.30,0.47)_n$	$(0.06,0.11,0.25,0.40)_n$	$(0.19,0.26,0.40,0.60)_n$	$(0.06,0.11,0.20,0.33)_n$

表 6－17　标准化决策矩阵 $v'(e_3(2))$

	x_1	x_2	x_3	x_4	x_5
c_1	$(0.11, 0.20, 0.28, 0.42)_n$	$(0.11, 0.17, 0.24, 0.37)_n$	$(0.06, 0.10, 0.16, 0.26)_n$	$(0.11, 0.17, 0.24, 0.37)_n$	$(0.11, 0.20, 0.28, 0.42)_n$
c_2	$(0.11, 0.16, 0.26, 0.39)_n$	$(0.11, 0.16, 0.26, 0.39)_n$	$(0.07, 0.13, 0.19, 0.35)_n$	$(0.11, 0.18, 0.26, 0.39)_n$	$(0.11, 0.18, 0.26, 0.39)_n$
c_3	$(0.08, 0.14, 0.22, 0.35)_n$	$(0.07, 0.12, 0.19, 0.28)_n$	$(0.10, 0.16, 0.38, 0.71)_n$	$(0.08, 0.14, 0.23, 0.35)_n$	$(0.08, 0.16, 0.38, 0.71)_n$
c_4	$(0.07, 0.13, 0.30, 0.49)_n$	$(0.06, 0.11, 0.20, 0.30)_n$	$(0.10, 0.20, 0.60, 1.00)_n$	$(0.06, 0.10, 0.20, 0.30)_n$	$(0.06, 0.11, 0.20, 0.30)_n$
c_5	$(0.07, 0.11, 0.21, 0.30)_n$	$(0.10, 0.17, 0.24, 0.35)_n$	$(0.12, 0.17, 0.24, 0.39)_n$	$(0.15, 0.20, 0.28, 0.39)_n$	$(0.12, 0.17, 0.24, 0.35)_n$
c_6	$(0.10, 0.15, 0.20, 0.26)_n$	$(0.13, 0.20, 0.27, 0.39)_n$	$(0.10, 0.15, 0.20, 0.32)_n$	$(0.13, 0.20, 0.28, 0.39)_n$	$(0.12, 0.17, 0.23, 0.32)_n$
c_7	$(0.03, 0.08, 0.15, 0.29)_n$	$(0.16, 0.24, 0.35, 0.64)_n$	$(0.06, 0.12, 0.20, 0.36)_n$	$(0.16, 0.24, 0.35, 0.57)_n$	$(0.03, 0.12, 0.20, 0.36)_n$

表 6－18　标准化决策矩阵 $v'(e_1(3))$

	x_1	x_2	x_3	x_4	x_5
c_1	$(0.11, 0.16, 0.23, 0.33)_n$	$(0.13, 0.19, 0.27, 0.38)_n$	$(0.11, 0.16, 0.23, 0.33)_n$	$(0.16, 0.22, 0.31, 0.43)_n$	$(0.05, 0.09, 0.19, 0.33)_n$
c_2	$(0.08, 0.12, 0.22, 0.35)_n$	$(0.13, 0.18, 0.26, 0.45)_n$	$(0.10, 0.15, 0.22, 0.35)_n$	$(0.13, 0.21, 0.30, 0.45)_n$	$(0.08, 0.15, 0.22, 0.35)_n$
c_3	$(0.07, 0.16, 0.37, 1.00)_n$	$(0.05, 0.10, 0.19, 0.26)_n$	$(0.05, 0.10, 0.19, 0.26)_n$	$(0.07, 0.16, 0.28, 0.66)_n$	$(0.08, 0.20, 0.37, 0.66)_n$
c_4	$(0.11, 0.18, 0.43, 0.74)_n$	$(0.07, 0.11, 0.21, 0.30)_n$	$(0.10, 0.15, 0.32, 0.49)_n$	$(0.07, 0.11, 0.21, 0.30)_n$	$(0.10, 0.15, 0.26, 0.37)_n$
c_5	$(0.14, 0.20, 0.28, 0.40)_n$	$(0.11, 0.17, 0.24, 0.35)_n$	$(0.06, 0.10, 0.16, 0.25)_n$	$(0.11, 0.17, 0.24, 0.35)_n$	$(0.14, 0.20, 0.28, 0.40)_n$
c_6	$(0.07, 0.17, 0.30, 1.00)_n$	$(0.04, 0.08, 0.13, 0.22)_n$	$(0.07, 0.17, 0.30, 0.55)_n$	$(0.07, 0.17, 0.30, 0.55)_n$	$(0.07, 0.17, 0.30, 0.55)_n$
c_7	$(0.10, 0.14, 0.20, 0.28)_n$	$(0.12, 0.17, 0.23, 0.32)_n$	$(0.15, 0.20, 0.27, 0.36)_n$	$(0.12, 0.17, 0.23, 0.36)_n$	$(0.12, 0.17, 0.23, 0.32)_n$

表 6-19 标准化决策矩阵 $v'(e_2(3))$

	x_1	x_2	x_3	x_4	x_5
c_1	$(0.10, 0.18, 0.25, 0.42)_n$	$(0.10, 0.15, 0.21, 0.37)_n$	$(0.08, 0.15, 0.21, 0.42)_n$	$(0.13, 0.21, 0.29, 0.47)_n$	$(0.08, 0.15, 0.21, 0.37)_n$
c_2	$(0.17, 0.16, 0.22, 0.32)_n$	$(0.12, 0.16, 0.25, 0.36)_n$	$(0.09, 0.16, 0.22, 0.32)_n$	$(0.14, 0.18, 0.25, 0.36)_n$	$(0.12, 0.18, 0.25, 0.36)_n$
c_3	$(0.10, 0.17, 0.41, 0.74)_n$	$(0.07, 0.11, 0.17, 0.30)_n$	$(0.07, 0.11, 0.17, 0.25)_n$	$(0.09, 0.14, 0.24, 0.37)_n$	$(0.09, 0.17, 0.41, 0.74)_n$
c_4	$(0.11, 0.18, 0.34, 0.53)_n$	$(0.09, 0.15, 0.22, 0.32)_n$	$(0.10, 0.15, 0.22, 0.32)_n$	$(0.11, 0.18, 0.27, 0.53)_n$	$(0.09, 0.13, 0.22, 0.32)_n$
c_5	$(0.13, 0.20, 0.28, 0.39)_n$	$(0.05, 0.09, 0.14, 0.22)_n$	$(0.13, 0.17, 0.24, 0.35)_n$	$(0.13, 0.17, 0.28, 0.39)_n$	$(0.15, 0.20, 0.28, 0.39)_n$
c_6	$(0.05, 0.13, 0.43, 1.00)_n$	$(0.04, 0.09, 0.17, 0.27)_n$	$(0.05, 0.13, 0.29, 1.00)_n$	$(0.05, 0.13, 0.43, 1.00)_n$	$(0.05, 0.13, 0.29, 0.53)_n$
c_7	$(0.11, 0.15, 0.21, 0.30)_n$	$(0.14, 0.18, 0.24, 0.33)_n$	$(0.11, 0.15, 0.24, 0.33)_n$	$(0.14, 0.18, 0.24, 0.33)_n$	$(0.11, 0.18, 0.24, 0.33)_n$

表 6-20 标准化决策矩阵 $v'(e_3(3))$

	x_1	x_2	x_3	x_4	x_5
c_1	$(0.08, 0.12, 0.23, 0.35)_n$	$(0.13, 0.18, 0.27, 0.45)_n$	$(0.10, 0.18, 0.27, 0.40)_n$	$(0.15, 0.21, 0.31, 0.45)_n$	$(0.05, 0.09, 0.19, 0.35)_n$
c_2	$(0.12, 0.17, 0.23, 0.32)_n$	$(0.12, 0.17, 0.23, 0.36)_n$	$(0.10, 0.14, 0.20, 0.28)_n$	$(0.14, 0.19, 0.27, 0.36)_n$	$(0.12, 0.17, 0.27, 0.36)_n$
c_3	$(0.10, 0.21, 0.60, 1.00)_n$	$(0.05, 0.10, 0.17, 0.29)_n$	$(0.05, 0.10, 0.20, 0.29)_n$	$(0.07, 0.14, 0.24, 0.48)_n$	$(0.06, 0.14, 0.24, 0.48)_n$
c_4	$(0.09, 0.16, 0.38, 0.69)_n$	$(0.07, 0.11, 0.19, 0.28)_n$	$(0.08, 0.13, 0.29, 0.46)_n$	$(0.08, 0.13, 0.23, 0.46)_n$	$(0.08, 0.16, 0.38, 0.69)_n$
c_5	$(0.14, 0.19, 0.27, 0.39)_n$	$(0.10, 0.14, 0.20, 0.30)_n$	$(0.07, 0.14, 0.20, 0.35)_n$	$(0.12, 0.17, 0.27, 0.39)_n$	$(0.12, 0.19, 0.27, 0.39)_n$
c_6	$(0.08, 0.19, 0.34, 0.62)_n$	$(0.05, 0.11, 0.17, 0.25)_n$	$(0.06, 0.13, 0.26, 0.41)_n$	$(0.08, 0.19, 0.34, 1.00)_n$	$(0.06, 0.13, 0.26, 0.41)_n$
c_7	$(0.12, 0.16, 0.22, 0.33)_n$	$(0.12, 0.19, 0.25, 0.38)_n$	$(0.12, 0.19, 0.25, 0.38)_n$	$(0.12, 0.19, 0.25, 0.38)_n$	$(0.10, 0.14, 0.19, 0.29)_n$

在标准化的个体初始决策矩阵的基础上，总结出基于群决策的供应商选择

步骤如下：

第一步，确定每个时间段的权重。

供应商选择有时涉及多个阶段，影响决策者对备选供应商的评价。科学地确定时间权重向量，对供应商的合理选择具有重要价值。基于 6.2.2 节提出的数学规划方法，我们可以计算时间段权重和不同的时间度 ρ（见图 6.4）。

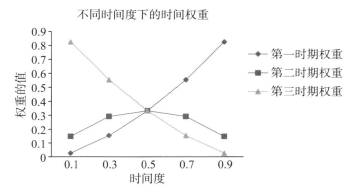

图 6.4　供应商选择过程中时间权重和时间度的变化

根据图 6.4，如果决策者们更关注最近的数据，他们会选择最近的数据，此时每个周期的时间段权重为 $\boldsymbol{\omega}_{\rho=0.3} = (0.154, 0.292, 0.554)^{\mathrm{T}}$。如果决策者们重视最早的数据，他们会选择 $\rho = 0.9$，此时每个周期的时间段权重为 $\boldsymbol{\omega}_{\rho=0.9} = (0.154, 0.292, 0.554)^{\mathrm{T}}$。在本章中，我们假设决策者们在选择最佳的第三方逆向物流供应商时会更加关注最近的数据，则时间段权重为 $\boldsymbol{\omega}_{\lambda=0.3} = (0.154, 0.292, 0.554)^{\mathrm{T}}$。

第二步，利用社交影响网络确定决策者的权重。

根据决策者的知识结构和经验，收集决策者初始观点的社交影响网络如图 6.5 所示。根据图 6.5 的信息，社交影响网络中的初始观点影响矩阵可总结为：$\boldsymbol{W} = \begin{bmatrix} 0.26 & 0.45 & 0.29 \\ 0.32 & 0.25 & 0.43 \\ 0.44 & 0.11 & 0.35 \end{bmatrix}$。

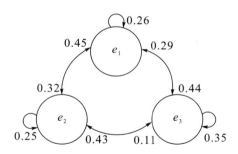

图 6.5 决策者初始观点的社交影响网络

基于 W 和式（6-9），可以得到决策者之间人际影响易感性的对角矩阵为 $A = \text{diag}(0.74, 0.75, 0.65)$，根据式（6-10）得出总人际影响的矩阵为 $V = \begin{bmatrix} 0.287 & 0.036 & 0.039 \\ 0.030 & 0.272 & 0.050 \\ 0.052 & 0.018 & 0.408 \end{bmatrix}$，得到决策者的权重向量为 $w = (0.303, 0.296, 0.401)^{\text{T}}$。

第三步，聚合不同时期的标准化个体决策矩阵。

基于标准化的个体决策矩阵和式（6-18），我们可以在聚合后得到群决策矩阵 $GV'(e_h(\eta)) = (Gv'_{ij})_{m \times q}$，见表 6-21。表 6-21 中括号内的广义模糊数表示决策者对某一属性的评估值。

表 6-21 群决策矩阵 $GV'(e_h(\eta))$

	x_1	x_2	x_3	x_4	x_5
c_1	$(0.10, 0.16, 0.26, 0.40)_n$	$(0.11, 0.17, 0.25, 0.40)_n$	$(0.08, 0.14, 0.22, 0.36)_n$	$(0.13, 0.19, 0.29, 0.43)_n$	$(0.09, 0.14, 0.23, 0.38)_n$
c_2	$(0.10, 0.15, 0.24, 0.36)_n$	$(0.12, 0.17, 0.26, 0.41)_n$	$(0.08, 0.13, 0.21, 0.32)_n$	$(0.12, 0.19, 0.27, 0.41)_n$	$(0.11, 0.17, 0.26, 0.39)_n$
	$(0.09, 0.16, 0.39, 0.88)_n$	$(0.06, 0.11, 0.18, 0.28)_n$	$(0.07, 0.15, 0.28, 0.54)_n$	$(0.08, 0.15, 0.28, 0.54)_n$	$(0.08, 0.16, 0.32, 0.60)_n$
c_4	$(0.09, 0.16, 0.34, 0.58)_n$	$(0.07, 0.12, 0.20, 0.31)_n$	$(0.09, 0.17, 0.37, 0.83)_n$	$(0.09, 0.14, 0.23, 0.41)_n$	$(0.08, 0.14, 0.25, 0.41)_n$
c_5	$(0.12, 0.18, 0.25, 0.37)_n$	$(0.10, 0.15, 0.21, 0.32)_n$	$(0.09, 0.15, 0.22, 0.35)_n$	$(0.12, 0.17, 0.26, 0.38)_n$	$(0.12, 0.19, 0.26, 0.39)_n$
c_6	$(0.08, 0.16, 0.30, 0.65)_n$	$(0.07, 0.13, 0.20, 0.32)_n$	$(0.08, 0.14, 0.25, 0.49)_n$	$(0.09, 0.17, 0.31, 0.72)_n$	$(0.08, 0.15, 0.28, 0.47)_n$

	x_1	x_2	x_3	x_4	x_5
c_7	（0.09，0.14，0.21，0.32）$_n$	（0.12，0.18，0.27，0.41）$_n$	（0.11，0.16，0.24，0.35）$_n$	（0.14，0.20，0.28，0.42）$_n$	（0.09，0.15，0.22，0.33）$_n$

第四步，确定正理想解 v^+ 和负理想解 v^-。

基于式（6−12），得到正、负理想解分别为

$$Gv'^+ = (Gv_1'^+, Gv_2'^+, \cdots, Gv_q'^+),\ Gv'^- = (Gv_1'^-, Gv_2'^-, \cdots, Gv_q'^-)$$

在群决策过程中，$Gv_j'^+ = (\max_i Gv_{ij}^l, \max_i Gv_{ij}^{m1}, \max_i Gv_{ij}^{m2}, \max_i Gv_{ij}^r)_n$，$Gx_j'^- = (\min_i Gx_{ij}^l, \min_i Gx_{ij}^{m1}, \min_i Gx_{ij}^{m2}, \min_i Gx_{ij}^r)_n$。因此，在表 6−21 的基础上，可以得到如下结果：

$Iv_{ij}'^+ = ((0.13,0.19,0.29,0.43)_n,\ (0.12,0.19,0.27,0.41)_n,\ (0.09,0.16,0.39,0.88)_n,\ (0.09,0.17,0.37,0.83)_n,\ (0.12,0.19,0.26,0.39)_n,\ (0.09,0.17,0.31,0.72)_n,(0.14,0.20,0.28,0.42)_n)$

$Iv_{ij}'^- = ((0.08,0.14,0.22,0.36)_n,\ (0.08,0.13,0.21,0.32)_n,\ (0.06,0.11,0.18,0.28)_n,\ (0.07,0.12,0.20,0.31)_n,\ (0.09,0.15,0.21,0.32)_n,\ (0.07,0.13,0.20,0.32)_n,(0.09,0.14,0.21,0.32)_n)$

第五步，根据式（6−15）和两个广义模糊数之间的距离，计算每个备选方案与正理想解和负理想解的距离：

$$S_1^+ = \frac{0.605 + 0.316n}{n+1},\ S_2^+ = \frac{1.768 + 0.828n}{n+1}, S_3^+ = \frac{1.127 + 0.651n}{n+1},$$

$$S_4^+ = \frac{0.782 + 0.302n}{n+1}, S_5^+ = \frac{1.233 + 0.500n}{n+1}$$

$$S_1^- = \frac{1.475 + 0.754n}{n+1}, S_2^- = \frac{0.312 + 0.243n}{n+1}, S_3^- = \frac{0.953 + 0.420n}{n+1},$$

$$S_4^- = \frac{1.298 + 0.769n}{n+1}, S_5^- = \frac{0.846 + 0.570n}{n+1}.$$

第六步，根据式（6−17）计算理想解的相似性：

$$D_1 = \frac{1.475 + 0.754n}{2.080 + 1.071n}, D_2 = \frac{0.312 + 0.243n}{2.080 + 1.071n}, D_3 = \frac{0.953 + 0.420n}{2.080 + 1.071n},$$

$$D_4 = \frac{1.298 + 0.769n}{2.080 + 1.071n}, D_5 = \frac{0.846 + 0.570n}{2.080 + 1.071n}$$

第七步，根据 n 的不同对供应商进行排序（见图 6.6）。

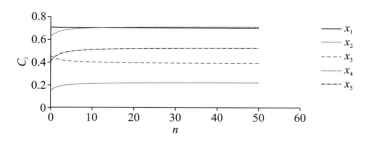

图 6.6　在 n 取不同值的情况下，根据 D_i 的排序结果

从图 6.6 中可以看出，供应商的排名受到 n 值的影响，其中 n 是广义模糊数中的参数。当决策者改变其偏好时，排名结果可能会受到影响。另外，供应商的排名在两个拐点时会发生变化，因此可以根据不同 n 的值将供应商排名结果分为 3 个阶段。

首先，令 $D_3 = D_5$，即 $\dfrac{0.953 + 0.420n}{2.080 + 1.071n} = \dfrac{0.846 + 0.570n}{2.080 + 1.071n}$，得到 $n = 0.711$，说明当 $n < 0.711$ 时，供应商的排名结果是 $x_1 > x_4 > x_3 > x_5 > x_2$。然后，令 $D_1 = D_4$，即 $\dfrac{1.475 + 0.754n}{2.080 + 1.071n} = \dfrac{1.298 + 0.769n}{2.080 + 1.071n}$，得到 $n = 12.337$。当 $0.711 < n < 12.337$ 时，供应商的排名结果是 $x_1 > x_4 > x_5 > x_3 > x_2$。当 $n > 12.337$，排序结果是 $x_4 > x_1 > x_5 > x_3 > x_2$。

图 6.7～图 6.9 分别介绍了 3 种情况，即在 n 取不同值的情况下供应商排名的趋势图。当 $n < 12.337$ 时，最合适的方案是 x_1；当 $n > 12.337$ 时，最合适的方案是 x_4。以上分析说明决策者根据供应商选择过程中的不同情况，调整其评价信息，从而更准确地选择供应商。

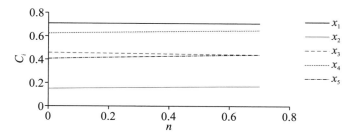

图 6.7　当 $n < 0.711$ 时，根据 D_i 的排序结果

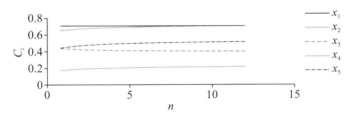

图 6.8　当 $0.711 < n < 12.337$，根据 D_i 的排序结果

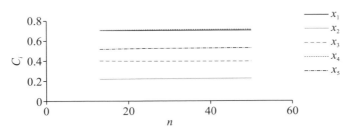

图 6.9　当 $n > 12.337$，根据 D_i 的排序结果

6.5　敏感性分析

为了使决策结果更加合理，决策者希望了解供应商以往的发展情况，以降低选择风险，本节比较了当时间度变化时对供应商排名情况的影响（见图 6.10 和图 6.11）。

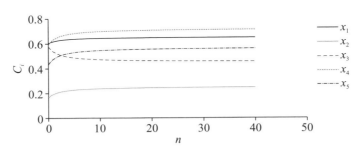

图 6.10　当时间度 $\rho = 0.5$ 时供应商的排名

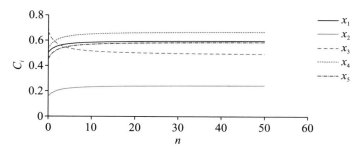

图 6.11　当时间度 $\rho = 0.7$ 时供应商的排名

当决策者认为最近和最早的数据同样重要时，供应商排名结果如图 6.10 所示。当 $n > 2.452$ 时，供应商的排名是 $x_4 > x_1 > x_5 > x_3 > x_2$。当决策者们更加关注早期数据时，供应商排名结果如图 6.11 所示。当 $n \leqslant 1.284$ 时，最合适的方案是 x_3。

此外，为了便于比较，我们还分析了不考虑决策者观点交互时供应商的排名情况，如图 6.12 所示。与图 6.6（考虑观点交互）相比，供应商排名的趋势相似。但当 n 取不同的值时，这两类排名是不同的。例如，在图 6.12 中，当 $n < 0.687$（在图 6.6 中，$n < 0.711$）供应商的排名是 $x_1 > x_4 > x_3 > x_5 > x_2$。当 $0.687 < n < 7.674$（在图 6.6 中，$0.711 < n < 12.337$），供应商的排名是 $x_4 > x_1 > x_5 > x_3 > x_2$。当 $n > 7.674$（在图 6 中，$n > 12.337$），排名是 $x_4 > x_1 > x_5 > x_3 > x_2$。从图 6.6 和图 6.12 中可以看出，在 $n = 0.687$ 和 $n = 7.674$ 时，图 6.12 中的排名结果会发生改变，但是图 6.6 中的排名结果是在 $n = 0.711$ 和 $n = 12.337$ 时改变，因此图 6.6 中排名结果相对稳定的区间较大。这些结果表明，当考虑观点交互时，排序结果受决策者偏好的影响较小。

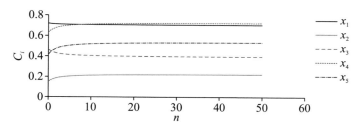

图 6.12　不考虑决策者观点影响的供应商排名

此外，与 Su 等（2011）提出的供应商选择方法相比，两者的区别和本章的优势如下：

（1）虽然 Su 等（2011）考虑了时间因素对供应商选择的影响，但没有分析时间因素变化时供应商排名的差异。

（2）当本章提出的模型不考虑观点交互时，根据图 6.12，当 $n < 7.674$ 时，最合适的供应商为 x_1，这个结果与 Su 等（2011）相同。然而，Su 等（2011）没有考虑到决策环境的变化对供应商选择的影响。

第 7 章 结论、不足与展望

7.1 结论

　　群决策是决策科学、管理科学和信息科学中的一个重要和热门的研究领域。随着 Web 2.0 的出现以及社交网络平台的普及，人们的观点相互扩散并相互影响，基于观点演化的群决策研究引起了众多学者和管理者的关注，成为决策领域中富有挑战性的研究方向，其研究内容如下。

　　理论方面：

　　（1）在决策过程中，由于决策者的背景和受教育程度不同，对方案的评价形式也会有所不同。为了集结异构偏好信息，本书提出了一种基于矩阵相似性的异构群体偏好信息集结方法，该方法不但可以简化计算时的复杂度，还可以考虑各个评估属性间的联系，更符合实际决策的需求，使评估结果更加接近实际。

　　（2）为了能够更加科学合理地进行决策，既要考虑决策者的社交网络关系，又要考虑决策者的观点演化情况，本书提出了一种基于 DeGroot 模型的群决策方法，该方法不但考虑了决策者的主观偏好因素，还考虑了决策者的客观社交关系。通过与不考虑决策者信任关系的传递性方法相比，本书提出的方法提高了共识成功率，减少了达成共识需要的迭代次数和信息丢失。

　　（3）随着互联网信息技术的高速发展和广泛应用，决策群体的规模越来越大，决策者的联系越来越紧密。在社交网络中，决策者的观点是愿意受到他所信任的决策者的影响。当考虑有界信任时，决策者是愿意和他观点比较相近的决策者的交流并改变其观点。为了更好地达成共识，本书提出了基于有界信任和社交网络的大规模群决策方法，并用数值算例验证了提出的方法的有效性和可行性。对比分析结果表明，提出的方法达成共识的速度更快，信息管理效率更高。

　　（4）在不确定环境下，为了解决决策者在多个阶段的评估信息不同及观点相互影响等问题，本书提出了一种考虑多阶段模糊信息和决策者观点交互的群体决策方法。在该方法中，决策者使用广义模糊数表达他们的偏好，通过数学规划方法确定不同阶段的权重和考虑决策者观点交互分配给决策者不同的权重，并在信息集结后采用模糊 TOPSIS 方法对备选方案进行排序。企业管理中供应商选择实例的结果表明，该方法能够考虑决策者的多阶段模糊信息和观点交互，帮助企业选择合适的供应商。

应用方面：

首先，通过对不同决策者不同形式的评估信息进行集结，企业管理者可以更容易地实施供应商选择的评估活动。其次，企业在对供应商进行评估时，没有要求决策者独立地进行评价，决策者之间会相互交流并影响彼此对供应商评估的观点。研究决策者在对供应商评估时的观点交互，帮助企业更好地做出决策。最后，由于供应商的绩效通常随时间波动，并且受到环境因素的影响变化，企业需要对供应商在过去的几个时期进行评估。随着环境的变化，决策者会交换意见。在不确定的情况下，帮助决策者根据供应商不同阶段的评估情况选择合适的供应商。

7.2　不足

本书构建了基于观点演化的群决策研究框架，并详细介绍了每一部分的研究内容。本书的主要贡献是在群决策过程中，把社交网络和观点演化相结合，研究决策者的观点演化规律，为以后企业管理中的决策问题提供理论依据。尽管本书对基于观点演化的群决策研究及应用做了一些工作，但还存在以下不足之处：

（1）关于算例分析。本书的相关算例仅是为了说明所提出方法的具体步骤和可行性。为了计算方便，本书所选取的决策者的数量，方案的个数都具有一定的局限性，应扩大相关数据的规模。

（2）关于群决策评价机制的方法。本书与一些已有研究方法做对比，说明本书提出的方法可以提高决策的效率。本书缺乏与一些经典的方法做对比，从处理不同类型问题的角度说明本书研究的合理性。

（3）关于社交网络。本书研究的社交网络都是静态的，即决策者之间的信任关系是静态的。在实际中，决策者的信任关系可能会随着协商一致的过程而发生动态变化，即存在动态的可能。因此，研究动态的社交网络环境下的群决策会使得研究内容更加完善。

7.3 展望

尽管本书对基于观点演化的群决策研究及应用做了一些工作，但还存在需要进一步改进和完善的方面，另外，在本书研究工作的基础上，还有许多有意义的课题可以作为未来的研究方向，主要包括以下几个方面：

（1）应用方面。本书讨论的群决策的应用是在企业管理的场景，可以尝试运用在多属性广告、多属性定价等一些复杂的决策案例中。

（2）数据方面。本书选取的是已有研究的算例进行分析，后续的研究中尽量从现实生活出发，提取真实世界的数据。

（3）动态环境方面。本书研究的是静态环境下的群决策研究，周围环境的变化使得决策者所处的环境及社交网络都在变化，后续的研究应开展动态环境下的群决策研究。

参考文献

［1］陈浩东，王志平，陈燕. 模糊环境下动态供应商选择的混合整数非线性规划模型［J］. 运筹与管理，2015，24（4）：128−136.

［2］陈侠，樊治平. 基于区间数偏好信息的专家群体共识性研究［J］. 运筹与管理，2011，20（1）：29−34.

［3］陈晓红，等. 复杂大群体决策方法及应用［M］. 北京：科学出版社，2009.

［4］陈晓红，张威威，徐选华. 社会网络环境下基于犹豫度和一致性的大群体决策方法［J］. 系统工程理论与实践，2020，40（5）：1178−1192.

［5］程发新，程栋，赵艳萍，等. 基于共识决策的低碳供应商选择方法研究［J］. 运筹与管理，2012，21（6）：68−73.

［6］顾基发. 意见综合——怎样达成共识［J］. 系统工程学报，2001，16（05）：340−348.

［7］韩二东，郭鹏，赵静. 基于距离测度及支持度的混合评价信息供应商选择决策［J］. 运筹与管理，2018，27（9）：73−78.

［8］韩开军，李金华. 供应链环境下供应商选择方法研究综述［J］. 物流科技，2009，32（10）：133−134.

［9］黄燕奕，王安民. 供应链管理环境下的战略性供应商选择［J］. 西安电子科技大学学报，2007，17（4）：40−44.

［10］李根强，方从慧. 复杂网络视角下网络集群行为主体的观点演化研究［J］. 情报科学，2017，35（5）：125−131.

［11］李光旭，彭怡，寇纲. 不确定幂加权几何平均算子的动态多目标决策［J］. 系统工程理论与实践，2015，35（7）：1855−1862.

［12］李力，陈宏，王进发. 基于模糊层次分析法的军品供应商选择体系研究［J］. 管理学报，2007（01）：40−47.

［13］李益兵，宋东林，王磊. 基于混合 PSO−Adam 神经网络的外协供应商评价决策模型［J］. 控制与决策，2018，33（12）：2142−2152.

[14] 梁昌勇，吴坚，陆文星，等. 一种新的混合型多属性决策方法及在供应商选择中的应用 [J]. 中国管理科学，2006（06）：70-76.

[15] 林自展，肖井华，周金连，等. 基于观点动力学的在线点评研究 [J]. 电子科技大学学报，2020，49（1）：155-160.

[16] 刘彬，朱庆华. 基于绿色采购模式下的供应商选择 [J]. 管理评论，2005，17（4）：32-36.

[17] 刘建明，纪忠慧，王莉丽. 舆论学概论 [M]. 北京：中国传媒大学出版社，2009.

[18] 刘培德，滕飞. 基于共识模型和 ORESTE 的扩展概率语言多属性群决策方法 [J]. 中国管理科学，2021，29（3）：199-209.

[19] 刘树林，邱菀华. 多属性决策基础理论研究 [J]. 系统工程理论与实践，1998，18（1）：38-43.

[20] 刘学鹏，齐二石，刘亮. 面向复杂产品制造的两阶段供应商候选库的构建 [J]. 工业工程与管理，2016，21（6）：31-37.

[21] 陆安，刘业政. 基于连续影响函数的群体观点演化模型与仿真 [J]. 管理学报，2014，11（2）：283-287.

[22] 马宁，刘怡君. 舆论领袖传播影响力的阶段式建模分析 [J]. 中国管理科学，2020，28（3）：52-58.

[23] 秦娟，陈振颂，李延来. 考虑决策者风险偏好的物流服务供应商选择研究 [J]. 工业工程与管理，2016，21（2）：41-48.

[24] 斯蒂芬·P. 罗宾斯，玛丽·库尔特. 管理学 [M]. 11 版. 北京：清华大学出版社，2013.

[25] 邵鹏，胡平. 复杂网络特殊用户对群体观点演化的影响 [J]. 电子科技大学学报，2019，48（4）：604-612.

[26] 宋华. 供应商选择、参与对采购成本管理绩效的影响 [J]. 系统工程理论与实践，2008，28（12）：52-59.

[27] 孙晓东，冯学钢. 群决策中基于判断相似度的决策者聚类及群体意见集结方法 [J]. 运筹与管理，2014，23（1）：51-58，79.

[28] 王先甲，汪磊. 基于马氏距离的改进型 TOPSIS 在供应商选择中的应用 [J]. 控制与决策，2012，27（10）：1566-1570.

[29] 王伟明，徐海燕，朱建军. 基于复杂网络和语言信息的交互式大规模群体评价方法 [J]. 中国管理科学，2022，30（11）：260-271.

[30] 王世磊，屈绍建，马刚. 基于前景理论和模糊理论的在线多属性采购拍

卖供应商选择决策 [J]. 控制与决策，2020，35 (11)：2637−2645.

[31] 吴坚，曹清玮，李辉. 模糊决策环境下基于 COWA 算子的绿色供应商选择方法 [J]. 管理工程学报，2010，24 (3)：61−65.

[32] 吴隽，王兰义，李一军. 基于模糊质量功能展开的物流服务供应商选择研究 [J]. 中国软科学，2010 (03)：145−151.

[33] 吴志彬. 群体共识决策理论与方法 [M]. 北京：科学出版社，2017.

[34] 徐玖平. 基于 Hausdorff 度量模糊多指标群决策的 TOPSIS 方法 [J]. 系统工程理论与实践，2002 (10)：84−93.

[35] 徐玖平，陈建中. 群决策理论与方法及实现 [M]. 北京：清华大学出版社，2009.

[36] 徐玖平，吴巍. 多属性决策的理论与方法 [M]. 北京：清华大学出版社，2008.

[37] 徐选华，蔡晨光，陈晓红. 基于区间模糊数的多阶段冲突型大群体应急决策方法 [J]. 运筹与管理，2015，24 (4)：9−15.

[38] 徐选华，杜志娇，陈晓红，等. 保护少数意见的冲突型大群体应急决策方法 [J]. 管理科学学报，2017，20 (11)：10−23.

[39] 徐选华，张丽媛，陈晓红. 一种基于属性二元关系的大群体决策方法及应用 [J]. 中国管理科学，2012，20 (5)：157−162.

[40] 徐选华，张前辉. 社会网络环境下基于共识的风险性大群体应急决策非合作行为管理研究 [J]. 控制与决策，2020，35 (10)：2497−2506.

[41] 徐选华，周声海，周艳菊，等. 基于群体冲突的模糊偏好关系大群体决策方法 [J]. 运筹与管理，2014，23 (3)：91−96.

[42] 徐泽水. 模糊互补判断矩阵排序的一种算法 [J]. 系统工程学报，2001，16 (4)：311−314.

[43] 徐泽水，任珮嘉. 犹豫模糊偏好决策研究进展与前景 [J]. 系统工程理论与实践，2020，40 (8)：2193−2202.

[44] 杨宝臣，陈跃. 基于变权和 TOPSIS 方法的灰色关联决策模型 [J]. 系统工程，2011，29 (6)：106−112.

[45] 杨雷，杨洋. 决策要素动态变化的群体决策偏好演化过程 [J]. 系统工程理论与实践，2014，34 (9)：2302−2311.

[46] 杨善林，钟金宏. 复杂产品开发工程管理的动态决策理论与方法 [J]. 中国工程科学，2012，14 (12)：25−40.

[47] 姚平，陈华友，周礼刚. 幂调和平均算子及其在模糊偏好关系群决策中

的应用 [J]. 运筹与管理，2012，21（5）：85—90.

[48] 姚升保，古森. 移情关系影响下的群体共识决策模型研究 [J]. 中国管理科学，2021，29（11）：203—214.

[49] 袁宇，关涛，闫相斌，等. 基于混合 VIKOR 方法的供应商选择决策模型 [J]. 控制与决策，2014，29（3）：551—560.

[50] 余高锋，李登峰，邱锦明，等. 考虑偏好冲突的多类评价信息群体决策方法 [J]. 控制与决策，2016，31（11）：2013—2018.

[51] 张恒杰，王芳，董庆兴，等. 群体共识决策的研究进展与展望 [J]. 电子科技大学学报，2021，23（2）：26—37.

[52] 张曙阳，李磊. 一种处理群体决策中个体偏好信息的新方法——部分共识模型 [J]. 运筹与管理，2020，29（11）：84—92.

[53] 张永政，叶春明，耿秀丽，等. 基于犹豫模糊广义 Choquet 积分的风险型供应商选择方法 [J]. 工业工程与管理，2019，24（4）：47—54.

[54] 赵奕奕，彭怡，肖磊，等. 突发事件下群体抢购行为的舆论传播机理研究 [J]. 系统工程理论与实践，2015，35（3）：616—622.

[55] 钟德强，仲伟俊，梅姝娥，等. 合作竞争下的供应商数量优化问题研究 [J]. 管理科学学报，2003，6（3）：57—65.

[56] 周晓辉，姚俭. 基于 Choquet 积分的区间直觉梯形模糊多属性群决策 [J]. 系统科学与数学，2015，35（2）：245—256.

[57] Aczél J，Saaty T L. Procedures for synthesizing ratio judgements [J]. Journal of Mathematical Psychology，1983，27（1）：93—102.

[58] Ahmad M T，Mondal S. Dynamic supplier selection approach for mining equipment company [J]. Journal of Modelling in Management，2019（03）：77—105.

[59] Banaeian N，Mobli H，Fahimnia B，et al. Green supplier selection using fuzzy group decision making methods：A case study from the agri-food industry [J]. Computers & Operations Research，2018（89）：337—347.

[60] Baucells M，Sarin R K. Group decisions with multiple criteria [J]. Management Science，2003，49（8）：1105—1118.

[61] Blaze M，Feigenbaum J，Lacy J. Decentralized trust management [C] //Proceedings 1996 IEEE Symposium on Security and Privacy. IEEE，1996：164—173.

［62］ Bleeke J，Ernst D. The way to win in cross－border alliances ［J］. Harvard Business Review，1991，69 (6)：127－135.

［63］ Blondel V D，Guillaume J L，Lambiotte R，et al. Fast unfolding of communities in large networks ［J］. Journal of Statistical Mechanics：Theory and Experiment，2008 (10)：P10008.

［64］ Blumenthal L M. Theory and Applications of Distance Geometry ［M］. Oxford：Oxford University Press，1953.

［65］ Bodaghi G，Jolai F，Rabbani M. An integrated weighted fuzzy multi－objective model for supplier selection and order scheduling in a supply chain ［J］. International Journal of Production Research，2018，56 (10)：3590－3614.

［66］ Bondy J A，Murty U S R. Graph Theory with Applications ［M］. London：Macmillan，1976.

［67］ Boran F E，Genç S，Kurt M，et al. A multi－criteria intuitionistic fuzzy group decision making for supplier selection with TOPSIS method ［J］. Expert Systems with Applications，2009，36 (8)：11363－11368.

［68］ Büyüközkan G，Güleryüz S. A new integrated intuitionistic fuzzy group decision making approach for product development partner selection ［J］. Computers & Industrial Engineering，2016 (102)：383－395.

［69］ Capuano N，Chiclana F，Fujita H，et al. Fuzzy group decision making with incomplete information guided by social influence ［J］. IEEE Transactions on Fuzzy Systems，2017，26 (3)：1704－1718.

［70］ Castro J，Lu J，Zhang G，et al. Opinion dynamics － based group recommender systems ［J］. IEEE Transactions on Systems，Man，and Cybernetics：Systems，2017，48 (12)：2394－2406.

［71］ Chai J，Ngai E W T. Decision－making techniques in supplier selection：Recent accomplishments and what lies ahead ［J］. Expert Systems with Applications，2020 (140)：112903.

［72］ Chan F T S，Kumar N. Global supplier development considering risk factors using fuzzy extended AHP－based approach ［J］. Omega，2007，35 (4)：417－431.

［73］ Chang S L，Wang R C，Wang S Y. Applying a direct multi－granularity linguistic and strategy—oriented aggregation approach on the assessment of supply performance [J]. European Journal of Operational Research, 2007, 177 (2): 1013—1025.

[74] Chao X, Kou G, Peng Y, et al. Large—scale group decision—making with non — cooperative behaviors and heterogeneous preferences: an application in financial inclusion [J]. European Journal of Operational Research, 2021, 288 (1): 271—293.

[75] Chen H, Ellinger A E, Tian Y. Manufacturer — supplier guanxi strategy: An examination of contingent environmental factors [J]. Industrial Marketing Management, 2011, 40 (4): 550—560.

[76] Chen T Y. An ELECTRE—based outranking method for multiple criteria group decision making using interval type—2 fuzzy sets [J]. Information Sciences, 2014 (263): 1—21.

[77] Chen X, Ding Z, Dong Y, et al. Managing consensus with minimum adjustments in group decision making with opinions evolution [J]. IEEE Transactions on Systems, Man, and Cybernetics: Systems, 2019, 51 (4): 2299—2311.

[78] Chiclana F, Herrera F, Herrera—Viedma E. Integrating multiplicative preference relations in a multipurpose decision—making model based on fuzzy preference relations [J]. Fuzzy Sets and Systems, 2001, 122 (2): 277—291.

[79] Chu J, Liu X, Wang Y. Social network analysis based approach to group decision making problem with fuzzy preference relations [J]. Journal of Intelligent & Fuzzy Systems, 2016, 31 (3): 1271—1285.

[80] Chu J, Wang Y, Liu X, et al. Social network community analysis based large—scale group decision making approach with incomplete fuzzy preference relations [J]. Information Fusion, 2020 (60): 98—120.

[81] Ding R X, Palomares I, Wang X, et al. Large — Scale decision — making: Characterization, taxonomy, challenges and future directions from an Artificial Intelligence and applications perspective [J]. Information Fusion, 2020 (59): 84—102.

[82] Deffuant G, Neau D, Amblard F, et al. Mixing beliefs among interacting agents [J]. Advances in Complex Systems, 2000, 3

（01n04）：87－98.

[83] DeGroot M H. Reaching a consensus [J]. Journal of the American Statistical Association，1974，69 (345)：118－121.

[84] Dong Q，Zhou X，Martinez L. A hybrid group decision making framework for achieving agreed solutions based on stable opinions [J]. Information Sciences，2019 (490)：227－243.

[85] Dong Y，Chen X，Herrera F. Minimizing adjusted simple terms in the consensus reaching process with hesitant linguistic assessments in group decision making [J]. Information Sciences，2015 (297)：95－117.

[86] Dong Y，Ding Z，Martínez L，et al. Managing consensus based on leadership in opinion dynamics [J]. Information Sciences，2017 (397)：187－205.

[87] Dong Y，Zha Q，Zhang H，et al. Consensus reaching in social network group decision making：Research paradigms and challenges [J]. Knowledge－Based Systems，2018 (162)：3－13.

[88] Dong Y，Zha Q，Zhang H，et al. Consensus reaching and strategic manipulation in group decision making with trust relationships [J]. IEEE Transactions on Systems，Man，and Cybernetics：Systems，2020，51 (10)：6304－6318.

[89] Dong Y，Zhang H，Herrera－Viedma E. Consensus reaching model in the complex and dynamic MAGDM problem [J]. Knowledge－Based Systems，2016 (106)：206－219.

[90] Dubois D，Prade H. Operations on fuzzy numbers [J]. International Journal of Systems Science，1978，9 (6)：613－626.

[91] Dyer J H，Kale P，Singh H. How to make strategic alliances work [J]. MIT Sloan Management Review，2001，42 (4)：37－37.

[92] Freeman J，Chen T. Green supplier selection using an AHP－Entropy－TOPSIS framework [J]. Supply Chain Management：An International Journal，2015，20 (3)：327－340.

[93] French R P. A formal theory of social power [J]. Psychological Review，1956，63 (3)：181.

[94] Friedkin N E，Johnsen E C. Social influence and opinions [J]. Journal of Mathematical Sociology，1990，15 (3－4)：193－206.

[95] Galo N R, Calache L D D R, Carpinetti L C R. A group decision approach for supplier categorization based on hesitant fuzzy and ELECTRE TRI [J]. International Journal of Production Economics, 2018 (202): 182—196.

[96] Gencer C, Gürpinar D. Analytic network process in supplier selection: A case study in an electronic firm [J]. Applied Mathematical Modelling, 2007, 31 (11): 2475—2486.

[97] Ghadimi P, Toosi F G, Heavey C. A multi—agent systems approach for sustainable supplier selection and order allocation in a partnership supply chain [J]. European Journal of Operational Research, 2018, 269 (1): 286—301.

[98] Ghodsypour S H, O'Brien C. A decision support system for supplier selection using an integrated analytic hierarchy process and linear programming [J]. International Journal of Production Economics, 1998 (56): 199—212.

[99] Ghorabaee M K, Zavadskas E K, Amiri M, et al. Extended EDAS method for fuzzy multi — criteria decision — making: an application to supplier selection [J]. International Journal of Computers Communications & Control, 2016, 11 (3): 358—371.

[100] Gong Z, Xu C, Chiclana F, et al. Consensus measure with multi—stage fluctuation utility based on China's urban demolition negotiation [J]. Group Decision and Negotiation, 2017, 26 (2): 379—407.

[101] Govindan K, Rajendran S, Sarkis J, et al. Multi criteria decision making approaches for green supplier evaluation and selection: A literature review [J]. Journal of Cleaner Production, 2015 (98): 66—83.

[102] Granovetter M. Economic action and social structure: The problem of embeddedness [J]. American Journal of Sociology, 1985, 91 (3): 481—510.

[103] Guarnieri P, Trojan F. Decision making on supplier selection based on social, ethical, and environmental criteria: A study in the textile industry [J]. Resources, Conservation and Recycling, 2019, 141:

347—361.

[104] Guo Y, Yuan Y A O, Yi P. Method and application of dynamic comprehensive evaluation [J]. Systems Engineering — Theory & Practice, 2007, 27 (10): 154—158.

[105] Harsanyi J C. Cardinal welfare, individualistic ethics, and interpersonal comparisons of utility [J]. Journal of Political Economy, 1955 (63): 309—321.

[106] Harsanyi J C, Welfare C. Individualistic ethics, and interpersonal comparisons of utility [J]. Journal of Political Economy, 1955, 63 (3): 309—321.

[107] Hatami—Marbini A, Tavana M. An extension of the Electre I method for group decision—making under a fuzzy environment [J]. Omega, 2011, 39 (4): 373—386.

[108] Hegselmann R, Krause U. Opinion dynamics and bounded confidence models, analysis, and simulation [J]. Journal of Artificial Societies and Social Simulation, 2002, 5 (3): 1—33.

[109] Herrera F, Herrera—Viedma E, Chiclana F. Multiperson decision—making based on multiplicative preference relations [J]. European Journal of Operational Research, 2001 (129): 372—385.

[110] Herrera—Viedma E, Herrera F, Chiclana F. A consensus model for multiperson decision making with different preference structures [J]. IEEE Transactions on Systems, Man, and Cybernetics — Part A: Systems and Humans, 2002, 32 (3): 394—402.

[111] Herrera—Viedma E, Cabrerizo F J, Kacprzyk J, et al. A review of soft consensus models in a fuzzy environment [J]. Information Fusion, 2014 (17): 4—13.

[112] Ho W, Xu X, Dey P K. Multi—criteria decision making approaches for supplier evaluation and selection: A literature review [J]. European Journal of operational research, 2010, 202 (1): 16—24.

[113] Holley R A, Liggett T M. Ergodic theorems for weakly interacting infinite systems and the voter model [J]. The annals of probability, 1975, 3 (4): 643—663.

[114] Hwang C L, Yoon K. Multiple Attribute Decision Making—Methods

and Applications: A State－of－the Art Survey [M]. Heidelberg: Springer－Verlag Birlin Heidelberg, 1981.

[115] Junior F R L, Osiro L, Carpinetti L C R. A comparison between Fuzzy AHP and Fuzzy TOPSIS methods to supplier selection [J]. Applied Soft Computing, 2014 (21): 194－209.

[116] Kacprzyk J, Fedrizzi M. A soft measure of consensus in the setting of partial（fuzzy）preferences [J]. European Journal of Operational Research, 1988, 34 (3): 316－325.

[117] Kainuma Y, Tawara N. A multiple attribute utility theory approach to lean and green supply chain management [J]. International Journal of Production Economics, 2006, 101 (1): 99－108.

[118] Kamis N, Chiclana F, Levesley J. Geouninorm consistency control module for preference similarity network hierarchical clustering based consensus model [J]. Knowledge－Based Systems, 2018 (162): 103－114.

[119] Kannan D, de Sousa Jabbour A B L, Jabbour C J C. Selecting green suppliers based on GSCM practices: Using fuzzy TOPSIS applied to a Brazilian electronics company [J]. European Journal of Operational Research, 2014, 233 (2): 432－447.

[120] Kannan G, Pokharel S, Kumar P S. A hybrid approach using ISM and fuzzy TOPSIS for the selection of reverse logistics provider [J]. Resources, Conservation and Recycling, 2009, 54 (1): 28－36.

[121] Kellner F, Lienland B, Utz S. An a posteriori decision support methodology for solving the multi － criteria supplier selection problem [J]. European Journal of Operational Research, 2019, 272 (2): 505－522.

[122] Khan S A, Kusi－Sarpong S, Arhin F K, et al. Supplier sustainability performance evaluation and selection: A framework and methodology [J]. Journal of Cleaner Production, 2018 (205): 964－979.

[123] Klement E P, Mesiar R, Pap E. Triangular Norms [M]. Dordrecht: Kluwer Academic Publishers, 2000.

[124] Kou G, Lin C. A cosine maximization method for the priority vector

derivation in AHP [J]. European Journal of Operational Research, 2014, 235 (1): 225−232.

[125] Kumar D, Rahman Z, Chan F T S. A fuzzy AHP and fuzzy multi − objective linear programming model for order allocation in a sustainable supply chain: A case study [J]. International Journal of Computer Integrated Manufacturing, 2017, 30 (6): 535−551.

[126] Kusi−Sarpong S, Gupta H, Khan S A, et al. Sustainable supplier selection based on industry 4.0 initiatives within the context of circular economy implementation in supply chain operations [J]. Production Planning & Control, 2021 (27): 1−21.

[127] Li G, Kou G, Lin C, et al. Multi − attribute decision making with generalized fuzzy numbers [J]. Journal of the Operational Research Society, 2015a, 66 (11): 1793−1803.

[128] Li G, Kou G, Peng Y. Dynamic fuzzy multiple criteria decision making for performance evaluation [J]. Technological and Economic Development of Economy, 2015b, 21 (5): 705−719.

[129] Li G, Kou G, Peng Y. A group decision making model for integrating heterogeneous information [J]. IEEE Transactions on Systems, Man, and Cybernetics: Systems, 2016, 48 (6): 982−992.

[130] Li G, Kou G, Peng Y. Heterogeneous large − scale group decision making using fuzzy cluster analysis and its application to emergency response plan selection [J]. IEEE Transactions on Systems, Man, and Cybernetics: Systems, 2021, 39 (11): 1−13.

[131] Li J, Fang H, Song W. Sustainable supplier selection based on SSCM practices: A rough cloud TOPSIS approach [J]. Journal of Cleaner Production, 2019 (222): 606−621.

[132] Li L, Liu M, Shen W, et al. A discrete stress−strength interference theory−based dynamic supplier selection model for maintenance service outsourcing [J]. IEEE Transactions on Engineering Management, 2016, 63 (2): 189−200.

[133] Li S, Wei C. A two − stage dynamic influence model − achieving decision−making consensus within large scale groups operating with incomplete information [J]. Knowledge−Based Systems, 2020 (189):

105132.

[134] Li Y M，Lai C Y. A social appraisal mechanism for online purchase decision support in the micro－blogosphere［J］. Decision Support Systems，2014（59）：190－205.

[135] Liang H，Dong Y，Ding Z，et al. Consensus reaching with time constraints and minimum adjustments in group with bounded confidence effects［J］. IEEE Transactions on Fuzzy Systems，2019，28（10）：2466－2479.

[136] Liang Q，Liao X，Liu J. A social ties－based approach for group decision－making problems with incomplete additive preference relations［J］. Knowledge－Based Systems，2017（119）：68－86.

[137] Liu B，Shen Y，Zhang W，et al. An interval－valued intuitionistic fuzzy principal component analysis model－based method for complex multi－attribute large－group decision－making［J］. European Journal of Operational Research，2015，245（1）：209－225.

[138] Liu B，Zhou Q，Ding R X，et al. Large－scale group decision making model based on social network analysis：Trust relationship－based conflict detection and elimination［J］. European Journal of Operational Research，2019，275（2）：737－754.

[139] Liu H，Jiang L，Martínez L. A dynamic multi－criteria decision making model with bipolar linguistic term sets［J］. Expert Systems with Applications，2018（95）：104－112.

[140] Liu W，Dong Y，Chiclana F，et al. Group decision－making based on heterogeneous preference relations with self－confidence［J］. Fuzzy Optimization and Decision Making，2017，16（4）：429－447.

[141] Liu X，Xu Y，Montes R，et al. Alternative ranking－based clustering and reliability index－based consensus reaching process for hesitant fuzzy large scale group decision making［J］. IEEE Transactions on Fuzzy Systems，2018，27（1）：159－171.

[142] Liu X，Xu Y，Montes R，et al. Social network group decision making：Managing self－confidence－based consensus model with the dynamic importance degree of experts and trust－based feedback mechanism［J］. Information Sciences，2019（505）：215－232.

[143] Lorenz J. Continuous opinion dynamics under bounded confidence：A survey [J]．International Journal of Modern Physics C，2007，18 (12)：1819−1838.

[144] Lu J，Wei C，Wu J，et al．TOPSIS method for probabilistic linguistic MAGDM with entropy weight and its application to supplier selection of new agricultural machinery products [J]．Entropy，2019，21 (10)：953.

[145] Ma J，Fan Z P，Jiang Y P，et al．An optimization approach to multiperson decision making based on different formats of preference information [J]．IEEE Transactions on Systems，Man，and Cybernetics−Part A：Systems and Humans，2006，36 (5)：876−889.

[146] Mao X B，Wu M，Dong J Y，et al．A new method for probabilistic linguistic multi−attribute group decision making：Application to the selection of financial technologies [J]．Applied Soft Computing，2019 (77)：155−175.

[147] Mendoza A，Ventura J A．A serial inventory system with supplier selection and order quantity allocation [J]．European Journal of Operational Research，2010，207 (3)：1304−1315.

[148] Ng W L．An efficient and simple model for multiple criteria supplier selection problem [J]．European Journal of Operational Research，2008，186 (3)：1059−1067.

[149] Nijkamp P．Stochastic quantitative and qualitative multicriteria analysis for environmental design [C] //Papers of the Regional Science Association．Springer−Verlag，1977，39 (1)：174−199.

[150] Orlovsky S A．Decision making with a fuzzy preference relation [J]．Fuzzy Sets and Systems，1978 (1)：155−167.

[151] Oxley J E．Appropriability hazards and governance in strategic alliances：A transaction cost approach [J]．The Journal of Law，Economics，and Organization，1997，13 (2)：387−409.

[152] Palomares I，Estrella F J，Martínez L，et al．Consensus under a fuzzy context：Taxonomy，analysis framework AFRYCA and experimental case of study [J]．Information Fusion，2014 (20)：252−271.

[153] Palomares I，Martinez L，Herrera F．A consensus model to detect and

manage noncooperative behaviors in large — scale group decision making [J]. IEEE Transactions on Fuzzy Systems, 2013, 22 (3): 516—530.

[154] Pang J, Liang J. Evaluation of the results of multi — attribute group decision — making with linguistic information [J]. Omega, 2012, 40 (3): 294—301.

[155] Pérez I J, Cabrerizo Pérez I J, Cabrerizo F J, et al. On dynamic consensus processes in group decision making problems [J]. Information Sciences, 2018 (459): 20—35.

[156] Pérez L G, Mata F, Chiclana F. Social network decision making with linguistic trustworthiness — based induced OWA operators [J]. International Journal of Intelligent Systems, 2014, 29 (12): 1117—1137.

[157] Pérez L G, Mata F, Chiclana F, et al. Modelling influence in group decision making [J]. Soft Computing, 2016, 20 (4): 1653—1665.

[158] Qin J, Liu X, Pedrycz W. An extended TODIM multi—criteria group decision making method for green supplier selection in interval type—2 fuzzy environment [J]. European Journal of Operational Research, 2017a, 258 (2): 626—638.

[159] Qin J, Liu X, Pedrycz W. A multiple attribute interval type—2 fuzzy group decision making and its application to supplier selection with extended LINMAP method [J]. Soft Computing, 2017b, 21 (12): 3207—3226.

[160] Quesada F J, Palomares I, Martinez L. Managing experts behavior in large — scale consensus reaching processes with uninorm aggregation operators [J]. Applied Soft Computing, 2015 (35): 873—887.

[161] Recio—García J A, Quijano L, Díaz—Agud Saaty O B. Including social factors in an argumentative model for group decision support systems [J]. Decision Support Systems, 2013 (56): 48—55.

[162] Ristono A, Santoso P B, Tama I P. A literature review of criteria selection in supplier [J]. Journal of Industrial Engineering and Management, 2018, 11 (4): 680—696.

[163] Saaty T L. The Analytic Hierarchy Process [M]. New York:

McGraw−Hill，1980.

[164] Sabidussi G. The centrality index of a graph [J]. Psychometrika，1966 (31)：581−603.

[165] Sanayei A，Mousavi S F，Yazdankhah A. Group decision making process for supplier selection with VIKOR under fuzzy environment [J]. Expert Systems with Applications，2010，37 (1)：24−30.

[166] Sawik T. Two − period vs. multi − period model for supply chain disruption management [J]. International Journal of Production Research，2019，57 (14)：4502−4518.

[167] Shemshadi A，Shirazi H，Toreihi M，et al. A fuzzy VIKOR method for supplier selection based on entropy measure for objective weighting [J]. Expert Systems with Applications，2011，38 (10)：12160−12167.

[168] Shen L，Olfat L，Govindan K，et al. A fuzzy multi criteria approach for evaluating green supplier's performance in green supply chain with linguistic preferences [J]. Resources，Conservation and Recycling，2013 (74)：170−179.

[169] Song Y，Li G. A large−scale group decision−making with incomplete multi−granular probabilistic linguistic term sets and its application in sustainable supplier selection [J]. Journal of the Operational Research Society，2019，70 (5)：827−841.

[170] Srdjevic B，Srdjevic Z，Blagojevic B，et al. A two−phase algorithm for consensus building in AHP−group decision making [J]. Applied Mathematical Modelling，2013，37 (10−11)：6670−6682.

[171] Su Z，Chen M，Xia G，et al. An interactive method for dynamic intuitionistic fuzzy multi−attribute group decision making [J]. Expert Systems with Applications，2011，38 (12)：15286−15295.

[172] Sznajd−Weron K，Sznajd J. Opinion evolution in closed community [J]. International Journal of Modern Physics C，2000，11 (6)：1157−1165.

[173] Tanino T. Fuzzy preference orderings in group decision making [J]. Fuzzy Sets and Systems，1984，12 (2)：117−131.

[174] Tian Z，Nie R，Wang J. Social network analysis－based consensus－supporting framework for large－scale group decision－making with incomplete interval type－2 fuzzy information [J]. Information Sciences，2019 (502)：446－471.

[175] Tsai W C. A dynamic sourcing strategy considering supply disruption risks [J]. International Journal of Production Research，2016，54 (7)：2170－2184.

[176] Ureña R，Kou G，Dong Y，et al. A review on trust propagation and opinion dynamics in social networks and group decision making frameworks [J]. Information Sciences，2019 (478)：461－475.

[177] Victor P，Cornelis C，De Cock M，et al. Practical aggregation operators for gradual trust and distrust [J]. Fuzzy Sets and Systems，2011，184 (1)：126－147.

[178] Wan S P，Li D F. Atanassov's intuitionistic fuzzy programming method for heterogeneous multiattribute group decision making with Atanassov's intuitionistic fuzzy truth degrees [J]. IEEE Transactions on Fuzzy Systems，2013，22 (2)：300－312.

[179] Wang F，Zeng S，Zhang C. A method based on intuitionistic fuzzy dependent aggregation operators for supplier selection [J]. Mathematical Problems in Engineering，2013，73 (4)：1－9.

[180] Wang Y M，Parkan C. Optimal aggregation of fuzzy preference relations with an application to broadband internet service selection [J]. European Journal of Operational Research，2008，187 (3)：1476－1486.

[181] Wasserman S，Faust K. Social network analysis：Methods and applications [M]. Cambridge：Cambridge University Press，1994.

[182] Weisbuch G，Deffuant G，Amblard F，et al. Meet，discuss，and segregate! [J]. Complexity，2002，7 (3)：55－63.

[183] Williamson O E. Markets and hierarchies：analysis and antitrust implications：a study in the economics of internal organization [M]. New York：Free Press，1975.

[184] Wu J，Cao M，Chiclana F，et al. An optimal feedback model to prevent manipulation behaviours in consensus under social network

group decision making ［J］. IEEE Transactions on Fuzzy Systems，
2020，29（7）：1750−1763.

［185］ Wu J，Chiclana F. A social network analysis trust−consensus based
approach to group decision−making problems with interval−valued
fuzzy reciprocal preference relations ［J］. Knowledge−Based Systems，
2014（59）：97−107.

［186］ Wu J，Li X，Chiclana F，et al. An attitudinal trust recommendation
mechanism to balance consensus and harmony in group decision
making ［J］. IEEE transactions on fuzzy systems，2019，27（11）：
2163−2175.

［187］ Wu J，Xiong R，Chiclana F. Uninorm trust propagation and
aggregation methods for group decision making in social network with
four tuple information ［J］. Knowledge−Based Systems，2016（96）：
29−39.

［188］ Wu T，Liu X，Liu F. An interval type−2 fuzzy TOPSIS model for
large scale group decision making problems with social network
information ［J］. Information Sciences，2018（432）：392−410.

［189］ Wu T，Liu X，Qin J，et al. Consensus evolution networks：A
consensus reaching tool for managing consensus thresholds in group
decision making ［J］. Information Fusion，2019a（52）：375−388.

［190］ Wu T，Liu X，Qin J，et al. Balance Dynamic Clustering Analysis and
Consensus Reaching Process with Consensus Evolution Networks in
Large−scale Group Decision Making ［J］. IEEE Transactions on Fuzzy
Systems，2019b，29（2）：357−371.

［191］ Wu T，Zhang K，Liu X，et al. A two−stage social trust network
partition model for large−scale group decision−making problems ［J］.
Knowledge−Based Systems，2019（163）：632−643.

［192］ Wu X，Liao H. A consensus−based probabilistic linguistic gained and
lost dominance score method ［J］. European Journal of Operational
Research，2019，272（3）：1017−1027.

［193］ Wu Z，Xu J. A consensus model for large−scale group decision making
with hesitant fuzzy information and changeable clusters ［J］.
Information Fusion，2018（41）：217−231.

[194] Xu X, Du Z, Chen X. Consensus model for multi－criteria large－group emergency decision making considering non － cooperative behaviors and minority opinions [J]. Decision Support Systems, 2015 (79): 150－160.

[195] Xu X, Du Z, Chen X, et al. Confidence consensus－based model for large－scale group decision making: A novel approach to managing non－cooperative behaviors [J]. Information Sciences, 2019 (477): 410－427.

[196] Xu X, Zhang Q, Chen X. Consensus － based non － cooperative behaviors management in large－group emergency decision－making considering experts' trust relations and preference risks [J]. Knowledge－Based Systems, 2020 (190): 105108.

[197] Xu Y, Cabrerizo F J, Herrera－Viedma E. A consensus model for hesitant fuzzy preference relations and its application in water allocation management [J]. Applied Soft Computing, 2017 (58): 265－284.

[198] Xu Y, Wen X, Zhang W. A two－stage consensus method for large－scale multi－attribute group decision making with an application to earthquake shelter selection [J]. Computers & Industrial Engineering, 2018 (116): 113－129.

[199] Xu Z. An automatic approach to reaching consensus in multiple attribute group decision making [J]. Computers & Industrial Engineering, 2009, 56 (4): 1369－1374.

[200] Xu Z, Yager R R. Power－geometric operators and their use in group decision making [J]. IEEE Transactions on Fuzzy Systems, 2009, 18 (1): 94－105.

[201] Yager R R. On ordered weighted averaging aggregation operators in multicriteria decisionmaking [J]. IEEE Transactions on systems, Man, and Cybernetics, 1988, 18 (1): 183－190.

[202] Yager R R. Quantifier guided aggregation using OWA operators [J]. International Journal of Intelligent Systems, 1996, 11 (1): 49－73.

[203] Yager R R. The power average operator [J]. IEEE Transactions on Systems, Man, and Cybernetics － part A: Systems and Humans, 2001, 31 (6): 724－731.

[204] You X Y, You J X, Liu H C, et al. Group multi－criteria supplier selection using an extended VIKOR method with interval 2－tuple linguistic information [J]. Expert Systems with Applications, 2015, 42 (4): 1906－1916.

[205] Zadeh L A. Fuzzy sets [J]. Information and Control, 1965, 8 (3): 338－353.

[206] Zadeh L A. Fuzzy sets as a basis for a theory of possibility [J]. Fuzzy Sets and Systems, 1978, 1 (1): 3－28.

[207] Zadeh L A. A computational approach to fuzzy quantifiers in natural languages ［M］//Computational linguistics. Pergamon, 1983: 149－184.

[208] Zha Q, Dong Y, Zhang H, et al. A Personalized Feedback Mechanism based on Bounded Confidence to Support Consensus Reaching in Group Decision Making [J]. IEEE Transactions on Systems, Man, and Cybernetics: Systems, 2019a (10): 2945922.

[209] Zha Q, Liang H, Kou G, et al. A feedback mechanism with bounded confidence－based optimization approach for consensus reaching in multiple attribute large－scale group decision－making [J]. IEEE Transactions on Computational Social Systems, 2019b, 6 (5): 994－1006.

[210] Zhang B, Liang H, Zhang G. Reaching a consensus with minimum adjustment in MAGDM with hesitant fuzzy linguistic term sets [J]. Information Fusion, 2018 (42): 12－23.

[211] Zhang H, Dong Y, Chiclana F, et al. Consensus efficiency in group decision making: A comprehensive comparative study and its optimal design [J]. European Journal of Operational Research, 2019, 275 (2): 580－598.

[212] Zhang H, Dong Y, Herrera－Viedma E. Consensus building for the heterogeneous large－scale GDM with the individual concerns and satisfactions [J]. IEEE Transactions on Fuzzy Systems, 2017, 26 (2): 884－898.

[213] Zhang H, Palomares I, Dong Y, et al. Managing non－cooperative behaviors in consensus－based multiple attribute group decision

making：An approach based on social network analysis ［J］. Knowledge－Based Systems，2018 (162)：29－45.

[214] Zhang H，Kou G，Peng Y. Soft consensus cost models for group decision making and economic interpretations ［J］. European Journal of Operational Research，2019，277 (3)：964－980.

[215] Zhang Z，Gao Y，Li Z. Consensus reaching for social network group decision making by considering leadership and bounded confidence ［J］. Knowledge－Based Systems，2020 (204)：106240.

[216] Zhong L，Yao L. An ELECTRE Ⅰ－based multi－criteria group decision making method with interval type－2 fuzzy numbers and its application to supplier selection ［J］. Applied Soft Computing，2017 (57)：556－576.